Carla et Nicolas, la véritable histoire

Un livre présenté par Michaël Darmon

Yves Azéroual   Valérie Benaïm

Carla et Nicolas,
la véritable histoire

LES ÉDITIONS DU MOMENT

Des mêmes auteurs

Yves Azéroual

Mitterrand, Israël et les Juifs (avec Yves Derai), Robert Laffont, 1990.

Foi et République, Patrick Banon, 1995.

La blessure est dans la main gauche, EMH, 1998.

Le Sage et l'Artiste, entretiens avec André et Élie Chouraqui, Grasset, 2003.

Valérie Benaïm

La rose de Stalingrad (avec Jean-Claude Hallé), Flammarion, 2005

ÉDITIONS DU MOMENT
26 avenue Marceau
75008 Paris
www.editionsdumoment.com

« Toute révélation d'un secret
est la faute de celui qui l'a confié. »
La Bruyère, *Les Caractères.*

En mémoire de ma mère, Perla.
À mon frère, Jean-Gabriel.
Y.A.

À Tom
V.B.

Prologue

Une ombre à l'Élysée

Vendredi 23 novembre 2007, onze heures. Le chef de l'État reçoit à l'Élysée Javier Solana. Le Haut représentant pour les Affaires étrangères et la Politique de Sécurité de l'Union européenne doit le précéder en République populaire de Chine où Nicolas Sarkozy se rend du 25 au 27 novembre en visite d'État. Les deux hommes souhaitent harmoniser leurs discours. *« Avec les Chinois, nous voulons traiter franchement les sujets qui fâchent mais dans une approche constructive, y compris la question des droits de l'homme »* commente-t-on à l'Élysée à moins d'un an des Jeux Olympiques. Le président écoute d'abord avec intérêt le diplomate européen, ancien ministre des Affaires étrangères espagnol. Très vite, il a l'esprit ailleurs. Vers ses prochains rendez-vous. Ou plutôt, un rendez-vous avec son avenir intime.

Ce jour-là, Denis Olivennes, alors PDG de la Fnac, rend au chef de l'État son rapport sur le téléchargement illégal, tandis que celui-ci doit décorer Arno Klarsfeld, sarkozyste engagé. Deux anciens compagnons de la nouvelle conquête du président ! Carla est à son domicile avec un ami et n'ignore rien des deux temps forts de l'agenda de son compagnon. Elle s'en amuse. Elle a gardé pour Denis Olivennes une vraie tendresse et une grande admiration. « *C'est un vrai et un pur homme de gauche. Je sais que certains lecteurs du* Nouvel Observateur *lui reprochent d'avoir fourni ce travail pour le chef de l'État. J'ai lu les violentes réactions* via *le courrier des lecteurs. Ils sont incroyables, c'est un homme de gauche, droit dans ses baskets.* »[1]

Devant un parterre de célébrités, à midi, Denis Olivennes remet à Nicolas Sarkozy son rapport sur le développement et la protection des œuvres culturelles dans les nouveaux réseaux de communication. Outre les ministres Rachida Dati, Christine Lagarde et Christine Albanel, le président de la République est entouré d'artistes – Patrick Bruel, Calogero, Thomas Fersen, Didier Barbelivien, Jean Reno, Christian Clavier, Liane Foly, Roland Magdane, le journaliste Pierre Sled, l'animateur Nikos Aliagas –, de dirigeants des grands groupes audiovisuels – Patrick de Carolis, pour France Télévisions, Nicolas de Tavernost pour M6 –, de patrons des fournisseurs d'accès Internet, des maisons de disques ou encore des producteurs de cinéma comme Claude Berri. On y aperçoit aussi Françoise de Panafieu, candidate UMP pas encore malheureuse à la mairie de Paris et Georges-Marc Benamou, toujours conseiller spécial à l'Élysée en charge des

---

[1] Conversation avec les auteurs.

médias. De son côté, le dirigeant de la Fnac aurait dû, pour des raisons personnelles, être accompagné de Carla Bruni. En tant qu'artiste à succès dont l'œuvre est, elle aussi, piratée, l'interprète de *Quelqu'un m'a dit* a, sur ce sujet, une opinion en demi-teinte. *« Bien sûr, c'est mieux quand une musique voyage, c'est toujours mieux pour les artistes, pour la longévité d'une œuvre et son audience. Mais ce qui n'est pas bon c'est le côté* out of control. *Le côté, "on peut se servir sans payer". Ce n'est pas à l'honneur de la France de laisser faire sans réagir. Tant mieux si les gosses se débrouillent et sont malins, mais il faut sanctionner celui qui en fait trop. Par une amende peut-être... Souvent, il m'arrive de soumettre des maquettes de disques de copains musiciens très doués à ma maison de disque. En vain : l'industrie musicale est à la peine. »*[1]

Mais les événements et les rencontres en ont décidé autrement. L'ex-mannequin Carla Bruni aura franchi les grilles de l'Élysée quelques jours auparavant en tant que compagne non encore officielle de Nicolas Sarkozy. Denis Olivennes, après s'être séparé de sa femme, a traversé l'existence de la chanteuse. Selon l'un de ses proches, *« Denis [la] trouvait trop exclusive et sentait bien qu'avec elle il se brûlait les ailes. Bien qu'ils aient, un temps, tous deux songé à vivre ensemble. »*

Le patron de la Fnac n'ignore pas que sa tendre amie, Carla Bruni, est la nouvelle compagne du président de la République depuis le mardi 13 novembre 2007, jour du fameux dîner chez les Séguéla, où, contrairement à la légende, il n'était pas présent. Cette date à ce jour n'a jamais été révélée. *« C'était effectivement*

---

[1] Conversation avec les auteurs.

le 13 novembre, je m'en souviens pour des raisons sentimentales mais aussi parce que c'était un jour de grève »[1] précise Carla Bruni-Sarkozy. Jusqu'à présent tout et souvent n'importe quoi a été dit sur ce dîner. La date, les noms des hôtes, les préparatifs, le déroulement et ses suites. *« Jacques Séguéla m'a téléphoné un mois auparavant pour m'inviter à dîner à cette date. Il ne m'a alors pas parlé des convives. J'ai donné un accord de principe »*[2] affirme la première dame.

Un flou comme si l'on voulait préserver un secret d'État. Un homme divorcé depuis le 16 octobre 2007 qui clame son désespoir à qui veut l'entendre ne peut-il connaître une rapide et sérieuse reconquête amoureuse ? Celle-ci risque-t-elle d'en troubler plus d'un ? Ou plutôt une : Cécilia, l'ex-épouse du président ? Et puis les langues se délient. Le temps sans doute a fait son affaire.

Ce vendredi 23 novembre, quand Denis Olivennes franchit les portes de l'Élysée, pénètre dans le salon Murat en se mêlant aux artistes et aux professionnels de la musique et s'adresse au président de la République, nul dans l'assemblée n'a connaissance de la relation du chef de l'État avec Carla Bruni depuis dix jours seulement. Ne sont dans la confidence que Denis Olivennes, *« un homme très bien »* insiste Carla Bruni, et une poignée de fidèles des deux tourtereaux. Précédés d'une solide réputation de séducteurs, l'un et l'autre sont les seuls à savoir qu'ils sont en train de vivre une véritable histoire d'amour. Alors, qu'importe le flacon des exposés de Denis Olivennes qui, deux mois durant, a auditionné tous les acteurs du secteur afin d'aboutir à un accord

---

[1] Conversation avec les auteurs.
[2] *Idem.*

sur le piratage sur Internet, pourvu que Nicolas savoure l'ivresse de ce moment. Accord signé par l'État, les professionnels de l'audiovisuel, du cinéma, de la musique, et que la ministre de la Culture qualifie d'« *historique* ». Ce mot résonne aux oreilles du président mais pour d'autres raisons.

La séance s'éternise, le président serre quelques mains, mais il n'est déjà plus là, par l'esprit en tout cas. Pressé de revoir sa bien-aimée, il souhaite la présenter au monde et s'en ouvre à son ami Séguéla qui lui conseille de patienter. Nicolas Sarkozy devra encore attendre plusieurs jours, bienséance et agenda présidentiels obligent. Le chef de l'État retourne à ses obligations.

Dans cette journée du 23 novembre, à dix-huit heures – nouvel heureux hasard du calendrier – il remet à la chasseuse de nazis, Beate Klarsfeld, la légion d'honneur, et à son fils, Arno – colla-borateur de François Fillon – l'ordre national du mérite. « *Comme ta mère, tu es un militant qui agit, pas un militant qui déclame* […] *Je suis très fier de t'avoir comme ami.* » Et comme prédécesseur dans le cœur de Carla, songe-t-il peut-être à cet instant précis ?

Le surlendemain, dimanche 25 novembre 2007, Nicolas Sarkozy s'envole pour la Chine. Dans l'avion présidentiel, il garde précieusement sur lui deux objets : une liste d'opposants transmise, la veille, à l'Élysée, par les écrivains Bernard-Henri Lévy, Pascal Bruckner, André Glucksmann et Christophe Ono-dit-Biot, inquiets de la situation en Birmanie et en particulier du sort réservé au prix Nobel de la paix, Aung San Suu Kyi, retenue en résidence surveillée par la junte militaire, proche de Pékin. Et une compilation de chansons de sa nouvelle compagne qu'il fera écouter à ceux qui l'accompagnent au cours de ce voyage.

Quelques jours après la remise de son rapport, Denis Olivennes dîne avec des amis. Son téléphone portable sonne. Une voix lui lance, solennelle : « *Bonjour, ne quittez pas on vous passe le président de la République.* » Le correspondant du président de la Fnac est visiblement lui aussi en train de dîner. Denis Olivennes perçoit des bruits de couverts et d'assiettes. Le président se contente de lâcher un lapidaire et à ce jour incompréhensible : « *Bonjour Denis. Je vais très bien, je t'embrasse très fort.* » Et il raccroche. Denis Olivennes n'a même pas le temps d'esquisser une réponse, de saluer son interlocuteur ni même de l'interroger. Surpris à la fois par cet appel impromptu auquel Nicolas Sarkozy ne l'a guère habitué, par ce tutoiement ainsi que le « *je t'embrasse* » – très familiers, Denis Olivennes cherche à décrypter. En vain. Souvent, il teste des amis à qui il raconte la scène pour tenter de comprendre la logique de ce coup de fil. Tous, comme lui, paraissent intrigués.

Les interrogations restent encore nombreuses quant aux sur les circonstances réelles de l'apparition de Carla Bruni dans la vie du président. Aujourd'hui, la première dame de France Carla Bruni-Sarkozy s'est installée dans son rôle. « *Un couple au pouvoir* » écrit *L'Express*[1]. Une parenthèse personnelle et politique semble s'être refermée. À moins qu'il ne s'agisse d'une nouvelle étape dans le quinquennat d'un Nicolas Sarkozy en quête d'une nouvelle image. Même s'il tente de renouer avec la sobriété pour reconquérir une opinion déçue, l'action politique du président Sarkozy continue de mêler l'amour et le glamour à la marche de l'État. Afin de suivre les fortunes de ce couple, on désigne

---

[1] 2 avril 2008.

Prologue

désormais au sein de chaque rédaction importante, à l'instar de
Paris Match, un « correspondant Bruni ». Internet n'y échappe
pas qui a contribué à faire bouger les lignes. La Toile, on le verra,
a démocratisé l'accès aux coulisses de la politique. C'est
l'histoire inédite de ce nouveau cycle sentimental et politique du
mandat de Nicolas Sarkozy que retrace ce livre. Pour le meilleur
et pour le pire.

Un beau roman...

Le monde merveilleux de Jacques Séguéla

Début novembre 2007, le président ne se fait pas à sa vie en solo. Dans l'avion qui le mène à Washington, Nicolas Sarkozy se confie à Rachida Dati : il se sent seul. « Un seul être vous manque... » Il a du mal à envisager la vie sans Cécilia. Quelques jours après le divorce, alors qu'il recevait des soins au Val de Grâce pour un phlegmon à la gorge, Cécilia, son ex-épouse, était venue à son chevet. À la Maison Blanche, le président français est accueilli seul par le couple Bush qui, au final, n'aura jamais rencontré de première dame de France.

À son retour à Paris, l'agenda ne se montre pas plus guilleret. Le 9 novembre 2007, la nation marque les trente ans de la disparition du général de Gaulle. Le chef de l'État se retrouve devant le mémorial de Colombey-les-Deux-Églises. La dernière fois qu'il s'est rendu sur ce site, il était candidat à l'Élysée. Une semaine avant le premier tour du scrutin, les conseillers du candidat avaient trouvé la scénographie adaptée à l'idée du rassemblement au-delà des clivages partisans. De quoi rassurer les gaullistes historiques parfois désarçonnés par les thèmes de campagne de Nicolas Sarkozy.

L'homme cependant n'est pas de nature à sombrer dans la mélancolie. Pour l'heure, il veut surtout oublier Cécilia. Qui peut l'aider dans cette entreprise ? Un nom s'impose à lui, bonimenteur à souhait et médiateur de luxe : Jacques Séguéla. Celui-ci occupe le paysage médiatique depuis trois décennies au moins. Il a pensé la campagne présidentielle de François Mitterrand en 1981, a participé aux mésaventures présidentielles de Lionel Jospin. Le 1ᵉʳ décembre 2006, Séguéla prédisait la victoire de Ségolène Royal ! Pas à une palinodie près, il expliquait doctement, sur le site *jelavaisdit.com* : « *À la sociologie, c'est Ségolène Royal qui gagne car Ségolène est l'incarnation de l'attente du moment.* » Heureusement pour lui, la sociologie n'est pas une science exacte et le retournement de veste pas un délit. Il vote à gauche depuis cinquante ans – même si à Neuilly où il habitait naguère il a toujours voté Sarkozy aux élections municipales. Selon lui et avec son emphase naturelle, la victoire de Ségolène Royal serait « *une formidable libération comme en 1981 des idées, des mœurs. La France va redevenir la France* ». Inspiré sans doute par cette maxime d'Edgar Faure : « *Ce n'est pas la girouette qui change,*

' 1ᵉʳ décembre 2006.

mais le sens du vent », Jacques Séguéla justifie son revirement par ces mots : « *Ségo m'a fait rêver, et Sarko l'a fait* »[1]. « *Sarko, je l'ai connu bien avant Mitterrand* » s'excuse-t-il au cours d'un dîner filmé sur un yacht et retransmis en février 2008 par *Paris Première*. Lorsque le journaliste Jean-Michel Aphatie lui fait remarquer qu'il réalise un spectaculaire revirement, Séguéla lâche cette petite phrase : « *Je ne suis pas toujours de mon avis.* » Avant de conclure, péremptoire : « *Je ne vote pas Sarkozy, je vote France.* »[2]

Une poignée de jours après son divorce, la requête de son ami Nicolas – « *Fais-moi un dîner de copains chez toi avec ta bande* » – permet au fils de pub de se faire une opinion très précise de l'état de spleen présidentiel. Et de l'urgence.

Le fondateur d'Euro RSCG doit agir. Après un rapide coup d'œil à leurs agendas respectifs, Jacques et Nicolas arrêtent une date, le mardi 13 novembre 2007. Fébrile, à son bureau, Séguéla consacre une partie de son temps à organiser ce dîner chez lui, passant une dizaine d'appels. Le publicitaire écrit le scénario sans en connaître la fin, organise les seconds rôles autour de la « vedette », prépare les enchaînements. Sur les ondes, il niera qu'il avait à l'esprit d'écrire une comédie amoureuse avec Carla Bruni et Nicolas Sarkozy comme acteurs principaux. Ce qui est loin d'être l'opinion de la première dame de France qui en sourit désormais.

« *Le 13 novembre au matin, Séguéla me rappelle pour me confirmer le dîner du soir. Je lui demande quels sont les autres invités, il me les cite et me parle aussi de la présence de Nicolas Sarkozy.*

---

[1] RTL, 1er mai 2005.
[2] *Idem.*

– Avez-vous hésité à y aller ?

– Non, je n'ai ni hésité ni été surprise. J'étais seulement très curieuse de m'y rendre. En fait, en arrivant, j'ai compris que c'était un blind date. Un blind date not so blind. (Elle nous regarde, étonnée de nous étonner par cette révélation !) *Il y avait trois couples et nous deux, deux célibataires.* »[1]

Lui, est officiellement divorcé depuis le 16 octobre 2007. On lui prête alors de nombreuses aventures dont une avec une journaliste. Elle, est séparée du père de son enfant, le philosophe Raphaël Enthoven.

Histoires secrètes d'un coup de foudre présidentiel

Cette journée du 13 novembre, le programme du président est chargé : un déplacement à Strasbourg à l'invitation du Parlement européen et, en fin d'après-midi, retour à Paris pour un entretien avec François Bayrou, le président du Mouvement Démocrate, plus une rencontre avec des dirigeants d'entreprises publiques. Nicolas Sarkozy attend avec impatience l'heure du dîner « *de copains de gauche* », chez Jacques Séguéla, à Marnes-la-Coquette. Cette petite commune, située à un quart d'heure de Paris, compte un peu moins de deux mille habitants, une poignée de commerces et une tranquillité jalousement protégée. Y vivent les héritiers de Maurice Chevalier, mais aussi le couple Hallyday, quand il n'est pas à Gstaad ou aux États-Unis, le chanteur Hugues Aufray ou encore l'émir du Qatar qui a fait construire un palais de quatre mille mètres carrés sur un terrain de deux hectares bordé d'un mur de pierres de quatre

---

[1] Conversation avec les auteurs.

mètres de hauteur, dans lequel il réside entre deux et trois semaines par an… Ici, 79 % des résidents ont voté en faveur du candidat Sarkozy à la présidentielle de mai 2007. Rien ni personne donc pour perturber le scénario qui se met en place. Régulièrement, Jacques Séguéla tient informé son futur hôte de l'avancée du projet. Carla Bruni n'a pas hésité avant de répondre positivement à l'invitation. « *Je l'ai dit à mon ex-compagnon, Raphaël, le jour même. Il est venu chercher notre fils, Aurélien. Quand j'ai prononcé le nom de Nicolas Sarkozy, il a levé les yeux au ciel.* »[1]

Des proches nous confient qu'elle serait même allée à ce dîner avec enthousiasme, éprouvant une certaine curiosité à rencontrer le président. Elle aurait aussi appelé son amie de toujours, Johanna Fath – petite fille de Jacques Fath, célèbre couturier qui a habillé les comédiennes Greta Garbo et Rita Hayworth – pour lui annoncer la nouvelle.

« *Fais attention, il est très fort*, la met en garde son amie.

– *Mais non, je n'ai rien à craindre*, lui répond Carla.

– *Alors peut-être pas lui, mais en revanche toi, je te connais trop bien…* »

Avant même de savoir ce qui allait se passer entre ces deux fortes personnalités, Johanna Fath se doute de l'issue de la soirée. Plus d'une fois, elle a été témoin des talents de séductrice de sa copine qu'elle a connue, adolescente, sur les pistes de ski à Courchevel.

Pour réussir son dîner, Jacques Séguéla sait qu'il doit com-poser une belle table. Même s'il demeure un homme puissant aux réseaux

---

[1] Conversation avec les auteurs.

importants, à gauche comme à droite, pour ce 13 novembre, avec le président comme invité d'honneur, il est à la peine. Les uns se décommandent, d'autres sont retenus ailleurs. Le chanteur Julien Clerc notamment décline l'invitation. Il se produit ce soir-là au centre culturel de Soissons. Il faut pourtant une poignée de figurants afin que l'ex-mannequin et le président ne se sentent pas piégés.

À vingt et une heures, les convives arrivent. Jacques Séguéla a réussi, le président est heureux. Ils seront huit à table : Luc Ferry et sa femme, Marie-Caroline, qu'on surnomme affectueusement Matao ; l'animatrice télé Peri Cochin, redoutable femme d'affaires qui exporte des formats télé mais tout aussi réputée pour les dîners mondains qu'elle organise chez elle et son mari, Guillaume, décorateur d'intérieur (il a agencé l'hôtel particulier de Carla Bruni) ; Sophie et Jacques Séguéla ; Nicolas Sarkozy et Carla Bruni.

Marie-Caroline Ferry n'a montré aucune réticence à se rendre à ce dîner. Elle sait pourtant que son mari a eu une liaison dans le passé avec l'ex-mannequin, mais c'est aujourd'hui oublié. Elle est devenue la marraine du fils de Carla, Aurélien. Luc Ferry n'a jamais caché cette histoire. Il en parle avec une pointe d'ironie. *« Moi, j'étais entre Laurent Fabius et Mick Jaegger. »* Le couple passe prendre Carla à son domicile et tous trois rejoignent la maison des Séguéla.

Pour la première fois, l'un des hôtes de ce dîner évoque devant les auteurs ce désormais fameux coup de foudre mutuel présidentiel. Ils étaient six à observer les jeux de l'amour et (presque) du hasard... *« C'était à l'origine un vrai dîner de distraction. Il n'y avait aucune "vue mariage". Jacques Séguéla a dit à Carla d'y assister parce qu'ils appartiennent à la même bande, il leur arrive de passer leurs étés sur un voilier en Turquie avec les Kouchner. Et puis Carla représente une belle alchimie entre l'intello et la légèreté. Il en est ainsi pour les autres participants. Une atmosphère dont avait exactement besoin le président. Très vite, on s'est tous rendu compte que le président n'avait d'yeux que pour sa voisine de droite, tournant le dos à l'épouse de Jacques Séguéla. À plusieurs reprises, la chevelure de Carla Bruni a effleuré le président. Il ne s'adressait quasiment qu'à l'ex-mannequin, vêtue d'un pull beige. Luc Ferry filme un peu de la soirée sur son téléphone portable, Carla prend Luc Ferry en photo, Luc Ferry prend Carla en photo. Nicolas Sarkozy n'est pas simplement subjugué, il est carrément fou, raide dingue ! Il ne s'occupe plus que d'elle, il n'a de cesse durant toute la soirée de la complimenter. Nous, les autres invités, discutons avec les époux Séguéla jusqu'à deux heures du matin. Carla et Nicolas, eux, se comportent comme s'ils étaient seuls dans le salon. Plus rien ni personne ne comptent pour eux. Le dîner s'achève vers deux heures du matin. Carla est sensiblement éméchée, elle a vraiment bien bu et beaucoup fumé ! À la fin du repas, elle demande au président s'il a une voiture. Cette remarque nous fait tous sourire. Devant la maison des Séguéla l'attend l'escorte présidentielle. Luc Ferry et son épouse comprennent qu'ils n'auront pas à la déposer. C'est Nicolas Sarkozy qui la ramène donc chez elle vers deux heures trente. Et chacun rentre sagement chez soi le premier soir. »*

La nouvelle idylle présidentielle révélée à Disney le 15 décembre 2007 a donc pris naissance au domicile de Jacques

Séguéla le 13 novembre 2007. À soixante-quatorze ans, le publicitaire trouve dans cette romance l'un de ses plus beaux rôles. C'est du moins ce qu'il pense. Très vite, la version *officielle* de la rencontre entre Carla Bruni et Nicolas Sarkozy, colportée par le fils de pub lui-même, fait le tour de France. L'homme qui a vendu des lessives qui lavent plus blanc et des voitures qui ne polluent pas veut se charger du service après-vente matrimonial. Après avoir été l'homme de la « Force tranquille » de Mitterrand, Séguéla, qui a découvert le sarkozysme sur le tard, s'intronise en chantre romantique. Il était une fois une belle chanteuse ex-mannequin qui tombe amoureuse d'un président célibataire… Jacques Séguéla, peu avare de confidences, sait mieux que personne se mettre en scène. Il en a besoin. « *Il ne veut pas mourir. S'il n'apparaît plus à côté du soleil, il risque de dépérir* » confie une de ses proches.

Le samedi 29 décembre 2007, c'est au micro d'Europe 1 que Jacques Séguéla livre pour la première fois ce qui deviendra la version officielle de la rencontre entre Nicolas Sarkozy et Carla Bruni. « *Jacques Séguéla s'est beaucoup épanché sur ce dîner dans la presse* estime Carla Bruni-Sarkozy. *Nous ne lui avons donné aucun feu vert. Ni interdiction ni autorisation d'ailleurs. On lui a laissé faire ce qu'il voulait. Il a dit ce qu'il avait envie de dire.* »[1]

Pendant qu'il occupe l'espace médiatique, le couple est en Égypte pour des vacances sous les feux de la rampe. « *Nicolas était très seul. Ça l'a quand même touché tout ça* [note des auteurs : le divorce avec Cécilia]. *Il m'a dit : "Fais-moi un dîner*

---

[1] Conversation avec les auteurs.

de copains chez toi avec ta bande, je n'en peux plus d'être seul le soir à l'Élysée". Moi, j'ai voulu lui faire un dîner de copains de gauche et donc j'ai voulu y inviter des gens qui fassent un peu réagir et bouger. J'ai pensé à Julien Clerc, qui n'a pas pu venir parce que ce jour-là il chantait, Carla Bruni, et puis deux autres couples. Et j'ai vécu en direct le coup de foudre présidentiel. Ils ne s'étaient jamais vus et je pense qu'ils ne se quitteront plus jamais [...] »

Le publicitaire n'est donc pas en service commandé. Avant le départ des deux tourtereaux en Égypte, Jacques Séguéla n'a pas reçu le moindre accord du locataire de l'Élysée ni de sa belle pour se livrer à cet exercice radiophonique. Il n'a besoin de personne pour en dire suffisamment mais sans entrer dans les détails ! *« La presse s'est chargée ensuite de construire la légende »* ironise un influent conseiller politique proche du couple. Volontairement partiel, le récit omet certains éléments.

Le fils de pub apporte, le lundi 4 février 2008, deux jours après le mariage de Carla Bruni et Nicolas Sarkozy, dans l'émission de Marc-Olivier Fogiel sur RTL, de nouveaux commentaires personnels sur la scène originale.

« Est-ce que vous vous êtes dit que ça risquait d'accrocher entre ces deux-là ? lui demande l'animateur.

– Ça crevait les yeux. Les coups de foudre crèvent les yeux. On voyait que c'était tellement sincère, tellement profond, tellement inattendu et tellement brutal. Finalement, tellement sarkozyen et tellement brunesque, parce qu'il y a tellement de choses qui à la fois les rapprochent et qui aussi les opposent. Ce qui les rapproche, c'est cette envie de croquer la vie, cette notion du temps, cette intelligence, cette rapidité de saisir les choses, un

énorme fond de tendresse. Je ne crois pas qu'il y ait de goût de pouvoir ni chez l'un ni chez l'autre. Un goût de l'action beaucoup plus qu'un goût de pouvoir. Ce qui les complète, c'est qu'il y a chez Carla une sensualité, une jeunesse, une beauté. » Séguéla en petit père des cœurs, c'est beau comme un roman de gare. Qu'importe : ce fut donc une soirée placée sous le signe de la séduction. Heureuse d'avoir participé à ce dîner, Carla Bruni en repart conquise. Avant d'arriver chez elle, la chanteuse et le président ont tout loisir de parler malgré le chauffeur et le cortège policier qui les transportent du domicile des Séguéla jusqu'à l'hôtel particulier de Carla Bruni dans le XVIᵉ arrondissement de Paris. Ce qui donne, version Jacques Séguéla du 29 décembre 2007 : *« Ils sont repartis ensemble, mais pas pour ce que l'on croit. Il l'a raccompagné chez elle, et je sais qu'il ne s'est rien passé parce que c'était deux heures du matin, et cinq minutes après, Carla m'a téléphoné. Elle m'a dit : "Ton copain, il est quand même curieux, je lui ai donné mon numéro de téléphone et il ne m'a pas rappelée".* » Jacques Séguéla sourit : *« Il venait de la quitter depuis cinq minutes. »*

S'ils se sont bien séparés dans l'allée étroite qui mène à la maison de Carla, Jacques Séguéla omet de dire – peut-être l'ignore-t-il ? – que le président et elle se sont promis de se revoir le lendemain soir au domicile même de la chanteuse. Pour officiellement dîner. Donc nul besoin de s'en ouvrir à Jacques le marieur. Ah ! ce Séguéla et ses récits tout personnels dont il est si coutumier pour ceux qui le connaissent ! Jean-Pierre Elkabbach, ivre de colère en l'entendant, un samedi de février 2007 sur le plateau de *Revu et corrigé*, l'émission de Paul Amar sur France 5, prétendre que le patron d'Europe 1 était informé de la date du mariage entre Nicolas Sarkozy et Carla Bruni, interviendra dans l'émission en direct par téléphone et s'exclamera : « *Séguéla affirme des contre-vérités... Il n'est pas la source la plus crédible.* » Jugement sans appel atténué toutefois par un proche du publicitaire : « *Séguéla ne ment pas, il n'a pas de disque dur.* » Paul Amar confiera : « *Jacques Séguéla était très mal, je l'ai vu blêmir.* » Une fois encore, le fils de pub s'attribue le rôle de confident de la princesse. Une fois de trop. « *Jacques Séguéla a trop joué au porte-parole du couple,* confie cet habitué du Château. *Du coup, il a été boycotté et sera absent du mariage.* » En effet, seule son épouse sera présente.

Reste le coup de foudre, nullement exagéré celui-là, et confirmé par Carla Bruni elle-même : « *Ça a été immédiat. Je ne m'attendais pas à quelqu'un de si drôle, de si vivant. Son physique, son charme et son intelligence m'ont séduite. Il a cinq ou six cerveaux, remarquablement irrigués. Je le remarque encore tout les jours. Vous lui parlez de quelque chose, il est en train de lire un dossier, vous vous dites, le pauvre il est épuisé, il est tard. Eh bien en fait, il entend tout, tout en intégrant le dossier qu'il lit. Je n'ai pas connu de crétins auparavant, ce n'est pas mon genre, mais lui, ça va très, très vite. Et puis, il a une incroyable mémoire.* »[1] Carla et Nicolas n'ont pas l'habitude d'attendre. Or, cette fois-ci, selon toute vraisemblance, ils ne se sont pas connus bibliquement le premier soir. Elle n'est pas une sarkozyste naturelle et face aux démonstrations présidentielles elle est à la fois tentée et effrayée. Les deux amoureux devront sagement attendre vingt-quatre-heures. Le lendemain à dix heures, il y a

---

[1] Conversation avec les auteurs.

conseil des ministres, avec, à l'ordre du jour, une convention entre la France et l'Italie relative au tunnel routier sous le Mont-Blanc. Et il se fait tard.

Un lendemain qui enchante

Mercredi 14 novembre 2007, Nicolas Sarkozy est à son bureau de l'Élysée. Le palais s'est vidé des ministres et de leurs collaborateurs, chacun regagnant son ministère après une réunion particulièrement courte. L'agenda présidentiel est vide jusqu'à dix-sept heures quinze. Le président appelle Luc Ferry aux environs de midi :

« Excuse-moi pour hier soir. Je me suis mal comporté. Je n'ai fait attention à personne ! Tu veux qu'on prenne un pot ? On se voit ?

– Si tu veux

– Alors passe me voir à l'Élysée. Maintenant, si tu as un moment… »

Luc Ferry arrive vers treize heures. Tous deux ne parlent quasi exclusivement que de Carla et de la soirée de la veille. Nicolas Sarkozy demande tout de go à l'ancien ministre de l'Éducation nationale : *« Toi qui la connais bien, elle est comment ? »*

Au moment de cette conversation, la liste des amants de l'ex-mannequin n'a pas encore fait la une de la presse. Celle des favorites du président non plus d'ailleurs. Luc Ferry qui est resté très ami avec Carla comprend que Nicolas Sarkozy n'ignore rien de leur liaison furtive. *« Une fois »* dit en confidence l'ancien ministre qui le met en garde : *« Méfie-toi ! Pas forcément pour ce que l'on dit d'elle. C'est vrai qu'elle a l'esprit libre, comme toi et moi, mais c'est une femme qui a des valeurs. C'est une fille bien. Il faut voir au-delà de ça.* »

Dans le *méfie-toi* qu'il adresse au président, on comprend que l'ex-ministre le prévient contre lui-même, ses sentiments, ses penchants amoureux. Ce *méfie-toi* cherche à lui signifier : tu vas très vite ne plus pouvoir te passer d'elle. Paroles d'expert...

Luc Ferry, qui connaît aussi bien Carla Bruni que Nicolas Sarkozy, sent que le président est très attentif à ce qu'il dit d'elle. Ses mots et ses mises en garde font mouche. C'est une femme comme elle dont Nicolas Sarkozy a envie et besoin. Elle lui ressemble, au fond. Surtout, ce sont deux cœurs orphelins. Quand le président prend congé de son hôte, c'est un homme amoureux et conforté dans sa première intuition qui téléphone à Carla Bruni pour confirmer à l'ex-mannequin sa présence à dîner. Et c'est donc ce soir-là, le 14 novembre 2008, chez Carla Bruni, que le chef de l'État et la chanteuse vont, pour la première fois, à la lumière des bougies et sous l'immense verrière de la chambre à coucher, mieux se connaître et se découvrir.

Le lendemain, 15 novembre, certaines des personnes qu'il croise peu avant onze heures trouveront le président particulièrement heureux. Et il en sera ainsi de longs mois. Un chef d'État ne peut pas vivre caché et taire à l'opinion une liaison qu'il juge sérieuse. Surtout, un homme comme Nicolas Sarkozy qui ne résiste pas à faire étalage de sa vie privée, *a fortiori* avec une personnalité comme Carla Bruni, toujours sous les flashs en raison de ses métiers successifs. Début décembre 2007, photographes et cameramen épient leurs moindres faits et gestes. Les premières rumeurs circulent quelques jours après le dîner du 13 novembre. À plusieurs reprises, le couple a failli être débusqué par des paparazzis à l'affût. Jusqu'au 15 décembre 2007, ils réussiront à se protéger. Mais le chef de l'État, depuis les premiers jours de sa rencontre, n'a pas envie de vivre comme un couple adultère. Ils ont ensemble décidé de rendre leur union publique.

Enfin, Carla vint

Le 16 décembre 2007, *lexpress.fr* publie des photos de Carla Bruni et de Nicolas Sarkozy dans les allées de Disneyland Paris. Le magazine *Point de vue,* qui appartient au même groupe de presse que *L'Express,* va faire sa une avant ses concurrents le lundi suivant sur l'idylle apparue dans ce parc de loisirs que les époux Sarkozy appréciaient particulièrement, en compagnie de leur fils Louis. Le directeur de la rédaction de *L'Express,* Barbier, appartient au cercle d'amis de l'ex-mannequin qu'il connaît depuis 2001. Il l'a rencontrée à la sortie d'une pièce de théâtre dont il est l'auteur et dans laquelle, club des anciens normaliens oblige, jouait Raphaël Enthoven. Interrogé la veille par LCI, Christophe Barbier explique que Carla Bruni lui a confirmé sa liaison avec le chef de l'État. Tous les doutes sont désormais levés et la rumeur se transforme en information de première main.

Ce 15 décembre, on ne compte pas moins de sept photographes, travaillant au flash, dans les allées du parc, sans se dissimuler. Comment sont-ils arrivés là ? Qui les a prévenus ? Sont-ce des photos volées ou données ? Le premier secrétaire du Parti Socialiste lance la polémique sur les conditions qui ont permis la prise des photos montrant le président de la République accompagnée de la chanteuse. François Hollande qui, à plusieurs reprises dans le passé, a dénoncé ce qu'il croit voir comme une connivence entre le chef de l'État et la presse, pose le problème sur RMC/BFMTV : « *Ou la presse y était par hasard, ou elle avait été convoquée.* »[1] Renaud Revel, spécialiste des médias dans *L'Express*, n'a, lui, aucun doute sur le plan média présidentiel. « *Que* Le Figaro, *organe très sarkozyen, mette en une la belle Carla n'est pas anodin. Le patron de la rédaction Étienne Mougeotte ne l'aurait pas fait sans l'aval du président.* »

Ce n'est pas la première fois que les paparazzis aperçoivent les deux amoureux. Il y eut un précédent, deux semaines auparavant, dans le jardin du pavillon présidentiel de La Lanterne, à Versailles, en compagnie de la mère de la chanteuse. Mais les clichés, trop flous, s'avèrent impubliables. Il faut dire que là-bas la présence imposante des CRS tient à distance tous les importuns.

Flairant le scoop, ces journalistes passent à la vitesse supérieure dans leur traque au célibataire si convoité. Reste la question qui brûle toutes les lèvres : ont-ils été convoqués chez Disney ? « *Ces photographes sont des paparazzis et n'ont pas été convoqués par la presse. Il s'agit de photos "non autorisées" mais tolérées !* » Nuance apportée par une journaliste « estampillée *people* ». De son côté, la directrice de *Point de vue* nuance la nuance : « *Je considère que ce ne sont pas des photos volées, mais des photos données dans la mesure où c'est une façon d'officialiser quelque chose.* »[2]

La réalité, la voici. Elle éclaire de manière inédite cette fable moderne, digne des contes de Perrault. Samedi 15 décembre 2007, Carla Bruni est invitée à une opération de communication

---

[1] 17 décembre 2007.
[2] France Info, 17 décembre 2007.

à Disneyland Paris, prévue de longue date. Plusieurs photo-graphes « planquent » autour du domicile de la chanteuse. La rumeur de sa liaison avec le président a fait le tour des agences. Quelques jours auparavant, elle l'a alerté sur la présence quasi permanente de photographes devant chez elle. « *Il faut agir*, lui dit-elle. *Et vite si l'on ne veut pas prendre le risque de voir publiées des photos volées.* »

Chef d'État célibataire le plus couru de la planète, Nicolas Sarkozy ne peut, fonction oblige, se laisser surprendre par tel ou tel paparazzi avant que ne soit officialisée son union avec l'ex-mannequin. Alerté par sa dulcinée quelques jours avant la sortie Disney, il réunit d'urgence à l'Élysée trois de ses proches : son ancien et fidèle compagnon de route, le ministre Brice Hortefeux, Thierry Saussez, le conseiller en communication institutionnelle qui a participé à sa campagne présidentielle, et Jacques Séguéla. Les trois hommes ont en commun une pratique éprouvée des médias et des opérations politiques. Les deux premiers sont des amis de longue date du président, le dernier son « marieur officiel ». Saussez et Séguéla, eux, sont depuis des décennies les deux faces d'une même médaille : la communication politique. On est donc en famille. Objet de la réunion de crise, trouver un lieu public afin que la « présentation » du couple aux Français soit à la fois percutante et empreinte de naturel. On évoque toutes les situations, tous les lieux, toutes les mises en scène. Très vite, le choix se porte sur Disneyland Paris. Aux yeux de ce trio d'experts, l'invitation du parc de loisirs faite à Carla Bruni tombe à pic. À cet instant, nul n'imagine que le lieu choisi sera mal perçu par l'opinion. « *Ils pensent que la bête médiatique est gérable. Ils imaginent qu'en lui donnant une goutte de sang, en nourrissant la bête, alors tout est permis. Mais non. Il y eut un violent retour de boomerang »* commente un gourou parisien. « Ils », ce sont ces trois hommes qui, sous l'autorité du chef de l'État, n'ont pas mesuré l'effet dévastateur que pouvait avoir sur les esprits le choix du parc de loisirs. Disney au pays d'Astérix, ils sont vraiment fous ces Romains de la com ! Même le très institutionnel *New York Times* s'étonnera que le couple ait choisi Disneyland Paris, *« le pays de Donald et de Mickey »*, pour sa première apparition publique ! Surtout que dans cette mise en scène prétendument improvisée, les câbles traînent toujours et les micros sont dans le champ !

Tel un professeur donnant la leçon à des étudiants, notre expert, qui connaît bien chacun des protagonistes, n'en finit pas de recenser les bourdes du triumvirat, placé sous le regard non critique du président. *« Ce trio s'est cru plus fort que le système. La bourde est considérable. Seul, le président avait bien géré le retour de Cécilia ; avec eux, il a mal géré l'apparition de Carla ! »* Les faits lui donneront entièrement raison.

Le jour J, les photographes, postés devant l'hôtel particulier de la chanteuse, se contentent donc de suivre le cortège du président jusqu'à Marne-la-Vallée. Un des photographes présents nous confirme, sous couvert d'anonymat, la scène évoquée dans *Le Parisien* : *« Samedi à quinze heures, la voiture du président s'est garée devant le domicile de Carla. Sarkozy lui-même est descendu pour monter la chercher. Une demi-heure après, il en est ressorti avec Carla, son fils et sa mère. Le couple s'est engouffré dans la C6 et s'est installé à l'arrière. La mère de Carla était dans un autre véhicule. Ils ont ensuite passé la nuit dans un hôtel de Disney et sont rentrés à Paris, dimanche vers midi. Avant d'aller déjeuner ensemble dans un restaurant.* »[1] Arrivés au parc d'attractions, le président et la chanteuse se mêlent aux milliers de touristes. « *Ce n'était ni organisé ni volé* » explique à la presse Pascal Rostain, le patron de l'agence Sphinx, spécialisée dans la photo *people* et ami de l'ex-mannequin. Il réalisera le reportage dans *Paris Match* en mars 2008 de Carla à l'Élysée, la veille de la visite d'État du président israélien Shimon Pères. Lui, l'auteur des photos volées de Cécilia et de Richard Attias affichant leur amour, en une de *Paris Match* toujours, à New York en août 2005 ! L'une maîtrise son image, l'autre pas ? L'arrivée d'une star à l'Élysée change la donne. « *Avant, je vivais dans le stress de savoir où était Rostain, ce qu'il préparait. Maintenant, c'est Carla qui le gère en direct* » confie Pierre Charon, le conseiller très écouté de Carla Bruni-Sarkozy[2].

Carla Bruni et Nicolas Sarkozy se laissent longuement photographier par les curieux. Ils savent pertinemment que le scoop perd en valeur marchande. « *On est très amoureux. C'est une vraie histoire. On ne se cache pas, mais on ne s'affiche pas* » confie Carla Bruni à l'un des paparazzis présents. « *Il ne s'agit pas d'une mise en scène* » explique un proche du chef de l'État. On sait désormais qu'il est permis d'en douter. Nicolas Sarkozy, secondé du trio Hortefeux-Saussez-Séguéla, a voulu garder la maîtrise médiatique. C'est un ratage sur toute la ligne. Enthousiaste, Thierry Saussez déclare au *Figaro* : « *Nicolas Sarkozy veut toujours séparer son expression publique de sa vie*

---

[1] 18 décembre 2007.

[2] Une anecdote vient prouver ses dires : Carla Bruni-Sarkozy retrouve dans un restaurant son agent et producteur dès le lendemain de la visite présidentielle en Grande Bretagne. Par hasard, elle tombe sur le paparazzi ami Pascal Rostain. « *Il faudra que je te raconte Londres, c'était super !* » s'exclame la chanteuse.

privée, mais il sait aussi qu'il doit en montrer un minimum, ce qu'il a fait ce week-end. Cela ne veut pas dire que l'on revient aux années people *de sa vie avec Cécilia.* »[1] On a connu le conseiller en communication mieux inspiré. Le président ne lui en veut visiblement pas. Le 15 avril 2008, Thierry Saussez sera nommé délégué interministériel à la communication auprès du Premier ministre. Un poste créé de toutes pièces pour ce fidèle chargé de prévenir les couacs gouvernementaux.

Depuis son arrivée à l'Élysée, Nicolas Sarkozy, aidé de sa conseillère spéciale, l'ancienne journaliste Catherine Pégard, tente de régler la mise en scène de son mandat avec le plus de professionnalisme possible. « *J'essaie d'écrire le scénario d'une histoire commencée le 6 mai* » explique la conseillère à un journaliste qui lui demande de définir son rôle[2]. Le plus de professionnalisme ? Mais non, à cette époque, la plus grande maîtrise ! Ainsi, elle a eu du mal à écrire certains scénarios face à la tornade des événements privés et intimes. Sa nouvelle fonction et la campagne de presse qui l'accompagnera en avril 2008 – interview au *Point* et portrait dans *Le Figaro* – attestent bien d'un besoin de repositionnement de Catherine Pégard. Au moment de la réorganisation de l'Élysée, après les municipales, son départ a été une des possibilités envisagées. Parce que venue à la demande de Cécilia et non sur le souhait de Nicolas Sarkozy, sa fonction aux périmètres flous a été source de tensions au cabinet, notamment avec le service de la communication et celui des élus, domaines sur lesquels elle était amenée à empiéter. Aujourd'hui, elle est moins

---

[1] 18 décembre 2007.
[2] *Le Monde,* 22 décembre 2007.

« journaliste de l'intérieur » que chargée du suivi clientèle des grands élus, notamment le Premier ministre François Fillon avec lequel elle s'entend bien. Autre avantage : elle est de ceux qui entrent dans le bureau de Sarkozy sans rendez-vous et c'est précieux pour tous ceux qui veulent faire passer un message. Enfin, elle connaît très bien les dirigeants de la gauche et c'est un point important pour le chef de l'État. La cérémonie du Fouquet's qui a suivi son élection à la présidence, les vacances sur le yacht de Vincent Bolloré avec Cécilia et quelques amis, puis son escapade à Wolfeboro, dans le New Hampshire, aux États-Unis, dans une villa de milliardaire, seront les premiers accrocs d'une regrettable omniprésence médiatique de Nicolas Sarkozy. Ces moments ont complètement échappé à sa conseillère. Et cette sortie à Disneyland Paris marque le commencement de la fin : le veau d'or sarkozyen est foulé aux pieds par une majorité de ceux qui l'ont encensé durant la campagne présidentielle. Ce qui conduira, en février 2008, Jean-François Copé, président du groupe UMP à l'Assemblée nationale, à dire, après l'affaire révélée par le site du *Nouvel Observateur* du prétendu SMS de Nicolas Sarkozy envoyé à son ex-épouse : « *Entre le président et la presse, il est temps de signer l'armistice.* »[1] Reste à savoir qui a déclenché le conflit et si les torts sont partagés ?

La belle et la bête politique

Début décembre 2007, Carla Bruni est dans son salon de coiffure habituel, non loin de chez elle. Elle interroge son

---

[1] 17 décembre 2007.

coiffeur, Jérôme, tandis que Mathias, son coloriste, joue la couleur sur ses mèches.

« *Jérôme, vous avez un amoureux ?*

– Non plus maintenant, les hommes vous savez... Enfin, j'ai un amant mais il est plus vieux, il a cinquante-deux ans... »

La chanteuse lui répond sur le ton de la confidence :

« *Moi aussi j'ai un amant de cinquante-deux ans. Il est très gentil, généreux et attentionné.* »

Quinze jours après cet échange, le coiffeur, avant de regagner son salon, regarde chez lui l'édition matinale de France 2. Sur des images de manèges et de badauds tournées à Disney, il découvre comme l'ensemble des Français sa cliente et son célèbre « amant de cinquante-deux ans ». Il a bien failli s'étrangler avec son café.

Le 15 décembre 2007, la belle et la bête politique affichent donc leur union. Inévitablement, on pense à Rainier, Grace Kelly et les contes du Rocher. Après la révélation au grand public de l'idylle présidentielle avec la chanteuse, deux ministres improvisent des réactions. Avec une grande hypocrisie car au moins l'une des deux femmes a croisé Carla Bruni à l'Élysée quelques jours auparavant. Roselyne Bachelot, interrogée sur Canal Plus, ose un : « *Ah ? Elle chante bien, Carla !* » « *Tant mieux si le président de la République est heureux !* » se félicite de son côté Christine Boutin. Dans l'opposition, l'accueil est plutôt froid : « *Cela ressemble de plus en plus à un épisode supplémentaire des aventures de la principauté de l'Élysée* » ironise l'eurodéputé socialiste Benoît Hamon[1].

---

[1] Point de presse hebdomadaire.

De son côté, la presse confrontée à une nouvelle manière d'exercer la fonction présidentielle convoque sociologues, psychanalystes et spécialistes des têtes couronnées afin d'éclairer les Français sur ce couple quelque peu singulier. *Le Figaro magazine* ouvre le bal en interrogeant Jean-Claude Kaufmann, sociologue, directeur de recherches au CNRS, sur cette première dans notre Ve République, un président célibataire affichant sa liaison avec une chanteuse et ancien mannequin. *« Le moins que l'on puisse dire, c'est que cela fait bouger les lignes ! On parle de pipolisation, on s'amuse, on est agacé, séduit, critique, jaloux, on se projette même, peut-être. Car, ici, identité et invention de soi sont les maîtres mots. »*[1] Invention peut-être pas, mais légère manipulation, sûrement ! Les chroniqueurs s'interrogent : y a-t-il déchéance de la communication politique quand elle verse dans le *people* ? Professeur de sociologie des médias, Éric Maigret, note : *« C'est un moyen pour les citoyens d'être informés, voire rassurés. Dans le cas qui nous intéresse, on répond à une question qui a toujours été publique, à savoir qui est le couple présidentiel. »*[2] Nicolas Sarkozy serait donc résolument moderne en dévoilant sa relation avec Carla Bruni. À l'Élysée, durant quelques jours, on feint la surprise. Nicolas Sarkozy ne souhaite pas que son entourage alimente la chronique. *« Il n'en a parlé à personne ! »* glisse un habitué du palais. Même certains proches amis de Nicolas Sarkozy l'assurent, ils n'étaient pas au courant de la récente liaison du président.

« Une semaine après ce dîner, Nicolas Sarkozy m'a invitée à un déjeuner dans les appartements privés de l'Élysée » nous

---

[1] 21 décembre 2007.
[2] *Figaro Magazine*, 21 décembre 2007.

confie Carla Bruni-Sarkozy. Personne ne l'y croisa tant fut déployé un luxe de précautions. Car le 6 décembre 2007, après le conseil des ministres de la matinée et la remise à la mi-journée du rapport de l'ex-ministre Lionel Stoléru relatif à l'accès des PME aux marchés publics, Carla Bruni déjeune une nouvelle fois avec le président à l'Élysée. Jusqu'en milieu d'après-midi, l'agenda présidentiel est vide. Ils ont le temps de partager un moment d'intimité. Puis aux alentours de dix-sept heures, le service de presse demande aux photographes venus immortaliser la rencontre avec Angela Merkel de s'éloigner. La chancelière de la République fédérale d'Allemagne n'est attendue que dans la prochaine demi-heure. Dans la cohue et la précipitation, on oublie dans la cour les trois journalistes-agenciers ! Nos consœurs, seules, ont donc tout loisir d'observer la scène qui se déroule sous leurs yeux ébahis. Elles deviennent les premiers témoins directs, en dehors du petit cercle des initiés, de la relation présidentielle. *« On a vu Carla Bruni sortir et descendre les marches de l'Élysée en gambadant, le sourire aux lèvres et visiblement très à l'aise dans cette cour élyséenne qu'elle traversait pour quitter le palais »* nous raconte l'une d'elles.

Les ministres – même après l'épisode Disney – préfèrent rester prudents. Aucun ne souhaite évoquer ce nouvel épisode sentimental de la vie du chef de l'État. Seul commentaire que certains se permettent : *« Elle ressemble à Cécilia, vous ne trouvez pas ? »* Comme on le verra par la suite, cette identification à l'ancienne première dame n'est ni du goût du président ni de celui de Carla Bruni et encore moins de celui de Cécilia. L'éphémère première dame veut refaire sa vie et ne souhaite plus, hormis par l'intermédiaire de leur fils Louis, être associée au nom de Sarkozy. Les événements vont pourtant la rattraper.

D'autres proches de Nicolas Sarkozy se réfugient dans un prudent mutisme. Tout juste concèdent-ils qu'on leur parle moins, désormais, d'une présence obligatoire auprès du président le 31 décembre, comme il avait pu en être question. Le soir du réveillon, le président choisit de présenter aux Français ses vœux en direct. Une poignée de ministres et secrétaires d'État suivent son allocution dans un salon de l'Élysée puis rejoignent le chef de l'État autour d'un verre, en présence de sa nouvelle amie, Carla Bruni. Ils laissent ensuite le locataire de l'Élysée avec sa « fiancée » entourés d'une douzaine d'invités pour un réveillon privé, organisé dans une bibliothèque transformée en salle à manger. Outre Alain Minc et le producteur italien de la chanteuse, figure Rachida Dati. Les deux femmes se sont beaucoup vues depuis l'officialisation à Disney de la liaison présidentielle. La garde des Sceaux, proche amie de Cécilia qui l'a d'abord imposée dans l'équipe de campagne du candidat Sarkozy puis au gouvernement, est aussi très proche du président. Elle va devoir trouver sa place dans le nouveau « dispositif sentimental » de Nicolas. Depuis son divorce, on ne parle que des femmes du président qui se crêpent le chignon. Les disputes entre Rachida Dati et Christine Lagarde ou Rama Yade alimentent la chronique. L'enjeu est simple : se montrer au côté du président depuis qu'il est officiellement séparé. Dans cette compétition, la ministre de la Justice se montre la plus déterminée. Ainsi, lors du dîner à la Maison Blanche, le 6 novembre 2007, elle s'est débrouillée pour arriver en même temps que Nicolas Sarkozy qui devait être accueilli seul par le couple Bush, provoquant la fureur des autres femmes de la délégation.

Avant le dîner du réveillon, Carla et Rachida se promènent dans les appartements privés de l'Élysée. Elles traversent la chambre à coucher. À la vue du lit, la chanteuse se penche vers la ministre qu'elle connaît depuis peu et lance, mi-sérieuse, mi-ironique : « *Tu aurais bien aimé l'occuper, n'est-ce pas ?* » Cette pique jette un froid. Les deux femmes qui vont apprendre à se connaître vont aussi apprendre à se détester. Rachida reste, aux yeux de Carla, « *la petite sœur* » de Cécilia, comme la surnommait affectueusement l'ex-première dame. Donc une ennemie en puissance. Au dîner du Crif, le 13 février 2008, la ministre de la Justice confie à un journaliste à propos de Carla : « *Elle m'a dans le nez à cause de ma proximité avec Cécilia. Cela dit, elle a le cerveau qui tourne à quatre cents à l'heure. Dès qu'elle aura compris le système, elle n'aura plus besoin de tous ceux qui ont été proches de l'ancienne femme du président.* » À qui pense-t-elle ? À elle, Guéant et autres Martinon ? De son côté, Carla sait que la vraie résistance viendra de Rachida Dati. C'est elle qu'elle doit faire ployer en premier. Après son mariage officiel, elle demandera avec insistance à la ministre de la Justice de cesser d'envoyer des SMS à son mari dès potron-minet !

De retour dans la salle à manger élyséenne, les deux femmes font bonne figure. Souhaitant fumer mais respectant la nouvelle loi, la chanteuse se penche vers son compagnon et lui demande si l'Élysée est un lieu public. « *Ici, nous sommes chez nous, tu as tous les droits* » lui répond-il. Et pour bien marquer son territoire, le président sort un énorme cigare qu'il s'empresse d'allumer. Les convives trouveront Rachida Dati bien éteinte et silencieuse ce soir-là. Elle ne se doute pas que, bientôt, Nicolas Sarkozy va lui demander de choisir entre Carla et Cécilia.

Tsunami politico-médiatique

Le triumvirat de l'Élysée – Hortefeux-Saussez-Séguéla – a, en partie et malgré lui, réussi son coup : Nicolas Sarkozy est à la une de la presse internationale. Des Pays-Bas aux Émirats arabes en passant par Israël, on dénombre ce jour-là des milliers d'articles. La presse *people* est bien sûr en première ligne, avec une longueur d'avance pour les magazines italiens *Chi* et *Oggi* où le destin de la chanteuse prend des allures de feuilleton. Ce qu'il y a de plus surprenant reste le traitement accordé par la presse plus traditionnelle. On le (re)découvre à cette occasion, l'amie du président est une star internationale. La France est à la une, mais est-ce pour de bonnes raisons ? Dans la même journée du 25 décembre, le très conservateur *Times* de Londres s'interroge sur les motivations de Nicolas Sarkozy « *capable de s'afficher avec une célèbre mangeuse d'hommes moins de deux mois après avoir divorcé de sa seconde épouse.* » Carla Bruni, elle, est qualifiée de « *milliardaire très gauche caviar* » par l'italien *Il Giornale* ou d'« *aristocrate des podiums succombant à l'érotisme du pouvoir* » par le quotidien monarchiste espagnol *ABC*. D'humeur comptable, *La Tribune de Genève* énumère les précédents compagnons de Carla, n'y voyant « *rien de très prometteur pour un homme qui apprécie une certaine stabilité affective.* » Dans le quotidien francophone *Le Temps*, un dessin relate une brève de comptoir. L'un des personnages dit : « *Sarkozy sort avec Carla Bruni.* » À quoi l'autre répond : « *Il n'est déjà plus avec Kadhafi ?* » Il est vrai que les observateurs s'interrogent. Nicolas Sarkozy, avec l'épisode Carla, cherche-t-il à faire oublier le récent et très controversé séjour en France du chef d'État libyen ? Certains franchissent le pas. *« Sarkozy sait parfaitement utiliser les médias. Après une période compliquée de conflits sociaux, de polémique sur l'accueil accordé à Muammar Kadhafi, cette "fuite" va créer une bulle médiatique, faire vendre du papier sur un sujet qui ne peut pas lui nuire »* explique le politologue Vincent Tiberj dans *L'Express*[1].

Le repos dominical et l'absence en kiosques de journaux laissent le temps aux éditorialistes français d'aiguiser leur plume. Avec la déferlante médiatique et l'explosion de la pipolisation de la vie de Nicolas Sarkozy, on est bien au-delà de ce que Cécilia a pu générer. Ainsi dès les premiers jours, les éditorialistes racontent sans réserve la vie sentimentale de Carla Bruni. Du jamais vu de la part d'une presse qui se targue de respecter la vie privée des politiques. Même les journaux aussi sérieux que *L'Express* ou *Le Figaro* traitent cette histoire en une. Exception notable : TF1. Alors que LCI – la chaîne d'informations en continu du groupe Bouygues – diffuse en boucle l'idylle présidentielle, le *20 heures* de PPDA fait l'impasse sur le sujet. *« C'est du domaine de la vie privée »* commente le présentateur. La présidence de TF1 est furieuse de ce ratage. Pour une fois, c'est Nicolas Sarkozy en personne qui souhaite que l'on parle de sa vie privée ! Il ne sera pas facile pour l'envoyé spécial de TF1 de montrer le couple à Louxor, quelques jours plus tard, alors que les téléspectateurs du journal télévisé ont connu l'information ailleurs.

---

[1] 22 décembre 2007.

L'Élysée est surpris et dépassé par la vague qui se déchaîne et enfle d'article en article. On n'ignore presque plus rien de l'intimité de Carla et, croit-on, des circonstances de sa rencontre avec le président. Tel l'Icare de la mythologie, Nicolas Sarkozy ne sait pas encore qu'il commence à se brûler les ailes au soleil de la médiatisation.

Ségolène Royal, qui elle aussi fut un temps mitraillée par les photographes *people* – séquence dont elle garde un souvenir amer –, interrogée sur l'idylle dévoilée à Disneyland Paris, estime sur *i-Télé* que Nicolas Sarkozy a « *le droit de faire des tours de manège* », mais devrait « *surtout dire quand il compte s'occuper de nos problèmes.* »[1] Le locataire de l'Élysée mettra de longues semaines avant d'entendre l'avertissement de sa rivale malheureuse à la présidentielle.

Une fois en boîte, les photos prises à Disney ce 15 décembre 2007 sont proposées à trois magazines : *Point de vue*, *Match* et *Closer*. Le premier de ces trois hebdomadaires fait preuve d'une plus grande réactivité en achetant, tout de suite, une série de clichés pour vingt mille euros. À cette occasion, *Point de vue* a augmenté son tirage, passant de trois cent quatre-vingt mille à quatre cent cinquante mille exemplaires. « *Le président a sauvé notre magazine* » avouera plus tard Colombe Pringle, la rédactrice en chef.

Après Disney, il y aura Louxor, Pétra et le Vatican. Les sondages en chute libre vont progressivement ramener Nicolas Sarkozy à la raison, des sondages utilement interprétés par quelques proches capables de dire au président de la République ses quatre vérités. Ils sont d'ailleurs fort peu nombreux à oser

---

[1] 19 décembre 2007.

s'aventurer sur ce terrain. À l'Élysée, les enquêtes s'accumulent sur le bureau présidentiel, toutes plus décourageantes les unes que les autres. À mots couverts, l'entourage du chef de l'État admet l'existence d'un hiatus entre la société française et lui. *« Les images répétées de sa vie privée ont donné le sentiment – à tort – qu'il ne s'occupait plus des Français »* explique Catherine Pégard, la conseillère, promue depuis chef du pôle politique de l'Élysée[1]. Prise de conscience ? En tout état de cause la chronique confidentielle de la présidence marque le 10 mars 2008 d'une pierre blanche : *« C'est à partir de cette date que le président a compris ce qui s'était passé et arrêté son plan d'action pour lancer le retour à la sobriété »* confie un collaborateur du chef de l'État. Fini le bling-bling. Au lendemain du premier tour des municipales, Nicolas Sarkozy sait que la sanction politique sera forte. Et la reconquête difficile.

Quatre mois après ce déferlement médiatique, Carla Bruni-Sarkozy nous révèle comment elle a « vécu » ces papiers et ces commentaires pas toujours élogieux. *« J'essaie de ne pas trop en tenir compte. Vous savez, j'y suis habituée depuis l'âge de vingt ans avec le mannequinat. Je fais un travail d'image, je sais les effets contraignants que cela représente. J'ai décidé depuis longtemps de lâcher prise, de ne plus m'en soucier. »*[2]

Coups bas et talons hauts

« Malgré son divorce voici deux mois, Nicolas Sarkozy a tenu jusqu'ici à conserver la bague au doigt... À Washington, en Bretagne avec les marins-pêcheurs, chez le roi du Maroc, Nicolas

---

[1] *Le Monde,* 7 janvier 2008.
[2] Conversation avec les auteurs.

Sarkozy promène son célibat nouveau et... son alliance ! »
Paroles de spécialiste *people* ? Vous n'y êtes pas. C'est l'analyse
privée d'un grand reporter d'un hebdomadaire politique
respectable recueillie un jour de bouclage ! Longtemps confinée
aux salles d'attente des dentistes, la presse *people* voit sous l'ère
Sarkozy ses méthodes envahir les rédactions. Le président de la
République française a lui-même et depuis longtemps jeté sa vie
privée en pâture comme ne l'avait jamais fait aucun de ses
prédécesseurs. N'a-t-il pas confié, le soir de son élection : « *Mon
métier, c'est de prendre des décisions. Ça, je sais le faire. Mais
pour être élu, il me fallait d'abord plaire...* » Et c'est ainsi qu'en
2002 démarre cette longue conquête « amoureuse » de l'opinion
avec l'apparition médiatique de Cécilia. Chirac réélu, Nicolas
Sarkozy a tout fait pour imposer aux Français, par le biais des
médias, une autre image du couple présidentiel. Plus jeune, plus
moderne, plus fusionnel. Des portraits de l'épouse du ministre de
l'Intérieur apparaissent bientôt dans les journaux. Bientôt aussi
leurs déboires conjugaux feront la une des médias. Évolution ou
dérive, cette pipolisation est imputable à Nicolas Sarkozy, bien
sûr, aux journaux aussi, mais aux lecteurs, téléspectateurs,
auditeurs avant tout. « *À ses yeux, la "pipolitique" exclut
évidemment les sujets vulgaires que sont aussi les retraites, les
délocalisations* » ironise un haut dirigeant socialiste. Il est vrai
que les clichés du 17 décembre 2007 tiennent davantage de la
presse à sensation que des images officielles. Si les Français
achètent les magazines qui les publient, c'est qu'ils apprécient ces
séquences, pense le président. Il n'a pas tout à fait tort : les deux
meilleures ventes en kiosque du *Nouvel Observateur* depuis la
mi-2007, numéro sur l'immobilier mis à part, seront la couverture

sur *Le mystère Cécilia*, à l'été 2007, et la couverture sur le divorce, à l'automne de la même année.

Face au nouveau couple formé avec Carla, les journalistes-enquêteurs versent désormais dans l'investigation, version *FBI, portés disparus*. Les rumeurs les plus folles s'emballent et se télescopent. Puis très vite, les événements vont se bousculer. Signe que cette romance avec Carla Bruni est sérieuse, Nicolas Sarkozy retire son alliance à Lisbonne, le 7 décembre, lors du sommet Union européenne-Afrique. Lisbonne où il était déjà pour le sommet européen le 18 octobre, jour de l'annonce officielle de son divorce.

Lors du voyage en Égypte, fin décembre 2007, de l'ex-mannequin et du président, nos « fins limiers » remarquent que Carla Bruni porte à son doigt deux nouvelles bagues, *Cœur Romantique* et *Cupidon*, deux créations Dior Joaillerie conçues par Victoire de Castellane. Un cadeau du président à sa douce, sans doute. Mais le bât blesse, révélé par le magazine *Gala* : Cécilia aurait reçu comme présent exactement la même bague que Carla quelques années plus tôt ! Simple maladresse ou provocation ultime à l'égard de son « ex » ? Cécilia portait bien la *Cupidon* le jour de l'investiture de son époux en mai 2007. L'ex-première dame de France possèderait en outre un modèle quasi identique au *Cœur Romantique*. Ce bijou, dont le prix avoisine les vingt mille euros, créé pour la collection « *La fiancée du vampire* », porte en exergue cette devise : *Amour éternel entre un vampire et une jeune fille*. Doit-on y percevoir quelque présage ?

Cet épisode occupe, un temps, l'actualité. Mesurant l'impact sur le grand public, les journaux évoquent cette affaire au détour d'un article sur le couple. Nicolas Sarkozy avec sa nouvelle compagne et sa famille vont (ré)investir un champ journalistique naguère réservé aux artistes et aux têtes couronnées. « *À nouvelle époque, nouvelle façon d'agir* » s'enthousiasme Colombe Pringle, la rédactrice en chef de *Point de vue*. Six mois avant la présidentielle, l'une des toutes premières émissions de *L'Arène de France*, produite par Jean-Louis Remilleux et présentée par Stéphane Bern, et dont l'un des auteurs de ce livre fut le rédacteur en chef, avait pour thème : « *Les politiques sont-ils des* people *comme les autres ?* »[1] On devisait alors sur l'impossibilité de voir ces deux rives se rejoindre. Un certain Nicolas Sarkozy – avec ou sans son consentement – fournit le trait d'union.

Pour parodier l'humoriste Gad Elmaleh, très apprécié de Carla Bruni-Sarkozy c'est désormais la « *porte ouverte à toutes les fenêtres* ». *Public* pose en couverture les termes du combat : « *Le match Carla vs Cécilia* ». Il n'en faut pas davantage pour que certains journaux se livrent au jeu des ressemblances entre l'« ex » et la remplaçante, Cécilia et Carla. Le psychiatre Serge Hefez ouvre le bal dans *Le Parisien* : « *C'est fou ce qu'elle lui ressemble. C'est à se demander si, finalement, cette femme n'est pas la seule constante dans sa vie...* »[2] Pierre Charon, conseiller officieux du couple, et anciennement frappé de bannissement sous le règne de Cécilia, va se charger de parler de Carla aux journalistes qui la connaissent déjà, mais cette fois-ci sous des atours plus « première dame ». L'homme maîtrise parfaitement les rouages de la politique et des médias. Élu de Paris, il est aussi un ancien de Canal + et a conseillé le groupe audiovisuel

---

[1] France 2, 27 décembre 2007.
[2] 18 décembre 2007.

Endemol. « *On doit sacrifier l'ancienne pour que vive la nouvelle* » décrypte un confident de Cécilia.

Il est vrai que Cécilia ex-Sarkozy et Carla Bruni n'ont pas Nicolas Sarkozy pour seul point commun. Physiquement d'abord, Cécilia et Carla sont grandes, plus d'un mètre soixante-quinze, les yeux bleus allongés, les pommettes saillantes. Côté tempérament, toutes deux cultivent à la fois un côté inabordable et une impression d'évanescence. Déterminées, elles font depuis longtemps fi des commérages et abstraction des jugements moraux. Socialement, toutes deux sont issues de la haute bourgeoisie. La mère de Cécilia est fille d'ambassadeur espagnol. Son père s'installe à Paris dans les années quarante comme fourreur. Riche héritière, Carla côtoie personnel en livrée, grands d'Italie et de France... En 1973, la famille immigrée de Carla s'installe en France. De son côté, le père de Cécilia, André Ciganer, né dans l'actuelle Moldavie en 1898, est issu d'une famille de propriétaires terriens juifs. Le mannequinat, aussi, attire les deux jeunes femmes. Carla, dès dix-neuf ans, accède au rang de *top model*. Cécilia, étudiante en droit, devient mannequin cabine chez Schiaparel. Dès leur plus jeune âge, toutes deux baignent dans l'univers de la musique. Cécilia est l'arrière-petite-fille du compositeur Isaac Albeniz. Le père de Carla est aussi compositeur d'opéra, et sa mère, Marisa Borini, pianiste et concertiste. Et enfin, toutes deux ont eu des amants célèbres. Cécilia rencontre puis épouse en août 1984 Jacques Martin, avec lequel elle aura deux enfants. Carla ne se lie qu'avec des stars. Pour la photo, il y en a une de trop !

Très vite, le face à face se transforme en combat de boxe, version grandes bourgeoises, c'est-à-dire avec coups bas mais sourire aux commissures des lèvres et par médias interposés. Y aurait-il de part et d'autre quelqu'un à la manœuvre ?

Le magazine *people Closer* présente à la une d'un de ses numéros Cécilia en maillot de bain qu'elle compare avec la nouvelle compagne du président, Carla Bruni, dans la même tenue. Cécilia se sent humiliée et réclame deux cent cinquante mille euros de dommages et intérêts à l'hebdomadaire : « *On aurait dit une comparaison entre deux produits de consommation* » s'indigne maître Cahen, avocate de Cécilia ex-Sarkozy. *Closer* n'en est pas à son coup d'essai. Ce journal a déjà publié, en pleine campagne présidentielle, des photos de Ségolène Royal et Rachida Dati en bikini.

Dans un premier temps, Cécilia inspire les essayistes et Carla alimente les tabloïds. Puis très vite ce sera l'inverse ! Interviews, essais, pamphlets, articles, photos : tout est bon pour mettre en scène les deux femmes. Dans le *Cécilia* d'Anna Bitton, l'ex-première dame dénigre son ex-mari, le président Sarkozy[1]. Dans le livre *Ruptures*, les auteurs, Michaël Darmon et Yves Derai, prêtent à Cécilia ces propos : « *Le jour où une nouvelle épouse entrera à l'Élysée, les gens tourneront la page.* »[2] Elle n'a pas tout à fait tort même si « *aux yeux des femmes, elle restera comme celle qui a dit "non". Non au pouvoir, non au machisme, non à l'autorité maritale* » tempère un confident de l'ancien couple. Carla devra donc incarner l'inverse. Plus accessible là où Cécilia était distante, plus amoureuse là où Cécilia ne manifestait guère, surtout les derniers mois, de signes de tendresse. Un face à face que Carla Bruni cloture par ces mots : « *Moi, j'aurais voté*

---

[1] *Flammarion*, janvier 2008.
[2] *Éditions du Moment*, décembre 2007.

pour mon mari. » Allusion à peine voilée au fait que Cécilia Sarkozy ait renoncé, le jour du second tour, le jour de la présidentielle, a exercer son droit de vote.

Au Château, on comprend que Carla s'imposera dans sa fonction lorsque l'image de Cécilia aura cessé d'occuper la scène médiatique et les esprits. Jusqu'au mariage de Cécilia, fin mars 2008, la tâche restera pour le moins délicate. L'Élysée doit même intervenir à plusieurs reprises, par exemple, pour exiger des plus hauts responsables de *Paris Match*, la non-publication d'un reportage sur Cécilia et Richard Attias à la veille de leur mariage, au grand dam du clan Cécilia. Ce n'est pas la première fois que l'hebdomadaire anticipe sur les attentes présidentielles. Il y eut la photo de couverture révélant l'idylle de Cécilia et Richard en août 2005 et la mise à la retraite de son directeur de la rédaction. Mais aussi les bourrelets du président alors en vacances aux États-Unis que *Paris Match* n'a pas jugé bon de montrer. *L'Express* révèlera que *Paris Match* les a gommés dans son édition du 9 août 2007.

À partir de son mariage, le 2 février 2008, jusqu'à celui de son ex-épouse le 23 mars 2008, Nicolas Sarkozy a demandé à ses proches de choisir : c'est Carla ou Cécilia. Rachida Dati, Claude Guéant et quelques autres n'ont qu'à bien se tenir. Ont-ils suivi les consignes présidentielles ? Le choix comme témoin de son mariage avec Carla de Mathilde Agostinelli, directrice de la communication de Prada, supposée amie intime de Cécilia, est le signe patent d'un premier ralliement. Quant à Rachida Dati qui harcelait de SMS le couple Cécilia-Richard Attias, elle se borne désormais à prendre de temps en temps des nouvelles par téléphone, essuyant parfois des remarques sarcastiques de Richard Attias qui feint de s'étonner des longues périodes de silence de la ministre. Laquelle ne fera pas le déplacement à New York pour le mariage de sa « grande sœur ». Entre le président et Cécilia, Rachida Dati a donc choisi. Michèle Alliot-Marie, moins exposée, n'est pas aussi versatile. À la veille de leur mariage, la ministre de l'Intérieur a promis de recevoir Cécilia et Richard à déjeuner à son ministère dès qu'ils passeront par Paris, c'est-à-dire à cinquante mètres du bureau de Nicolas Sarkozy. N'en déplaise au président. Seul François, le frère cadet du président, résiste. Et son épouse, qui s'est rendue au mariage de Cécilia, aux États-Unis, malgré l'oukase présidentiel. Pour combien de temps encore ? Le jeudi 4 avril 2008, on a aperçu François dans un restaurant parisien déjeuner en tête à tête avec sa belle-sœur, Carla Bruni-Sarkozy. Va-t-il lui aussi se ranger dans le camp anti-Cécilia ?

Le règlement de comptes à distance ne s'arrête pas là. Au moment où Cécilia et Richard s'unissent à New York dans la grande tradition marocaine, pays dont le marié est originaire, Nicolas Sarkozy et Carla Bruni-Sarkozy sont allés passer trois jours à Marrakech. Un voyage privé dans un petit palais discret. Devant ce pied de nez lourd de symboles, Cécilia réplique. Elle livre, mi-avril 2008, ses états d'âme à l'édition italienne du magazine *Vanity Fair* au côté de son nouvel époux. « *La vie de* first lady *ne me convenait pas* » confie-t-elle. La nationalité de la revue n'est pas anodine. Cécilia sait-elle que Carla la lit régulièrement ? La semaine précédente, la nouvelle femme du président, née à Turin, était sacrée « Reine de Londres » en couverture du *Paris Match* du 3 avril 2008. Alors que Carla Bruni-Sarkozy remporte l'approbation de la presse internationale, Cécilia organise la riposte. Et inversement. Durant l'entretien qu'elle nous accorde, une chose nous étonne. Carla Bruni-Sarkozy ne cite jamais le prénom de Cécilia. Nous le lui faisons remarquer.

« Vous parlez de Cécilia Attias en disant "l'ex-femme de mon mari"... Vous ne prononcez jamais son nom ?

– Je n'ai aucun souci avec les prénoms en général et son prénom en particulier [sourire]. Je suis contre le divorce mais une fois qu'on est divorcé il faut, surtout quand il y a des enfants, que tout aille bien. Comme disait Freud, il faut faire de la sublimation. Vous savez j'ai connu la tristesse d'enterrer un frère. Et depuis ce jour je regrette toutes les disputes que j'ai pu avoir avec lui. C'est croire en la vie éternelle que de se fâcher avec sa famille ou ses "ex". Je souhaite que toutes les relations soient normalisées. »

Belle leçon de main tendue. Mais Lacan lui aurait tout de même fait remarquer qu'elle n'a toujours pas cité le prénom de l'ex-épouse de son mari...

Happy birthday, Mister President

Le lundi 28 janvier 2008, Nicolas Sarkozy souffle ses cinquante-trois bougies. Pour l'occasion, Carla se charge d'organiser un anniversaire surprise dans son hôtel particulier. Tout l'après-midi, un défilé de livreurs est repéré par les habitants du quartier de la porte d'Auteuil en provenance des plus grandes épiceries et restaurants de Paris. Une des invitées nous raconte.

« C'est Carla qui a lancé les invitations par téléphone. Un soir, j'ai reçu un coup de téléphone et elle m'a dit de sa voix d'hôtesse de l'air : "Allo, ma belle ! Je veux t'inviter à la fête d'anniversaire de Nicolas... Je ferai la fête dans mon jardin..."

En arrivant sur place, le jour dit, j'aperçois tout d'abord les paparazzis au fond de l'allée qui mène à l'hôtel particulier. Puis je découvre la demeure avec le jardin d'hiver égayé pour l'occasion d'une tente blanche chauffée. Quand Nicolas Sarkozy est arrivé, Carla a dit : "Je crois qu'il se doute de quelque chose." C'est vrai qu'il n'a pas eu l'air surpris. Content de découvrir les gens présents mais pas surpris... par la surprise ! Carla nous a dit d'être là à vingt heures quinze précises. L'ambiance est calme, feutrée. Carla est une parfaite maîtresse de maison. Elle veille à ce que personne ne manque de rien, donne des ordres à son personnel. C'est une dame de la grande bourgeoisie italienne. Son personnel de maison accompagne la famille depuis le début. Une des personnes s'est présentée à nous comme la "nounou de Carla". Mais Carla s'occupe surtout du président. Ils se sont embrassés toute la soirée. Il lui caressait le dos nu. On le voit ému, il rougit. Elle, c'est différent, elle n'extériorise pas, elle garde de la hauteur. Au moment du gâteau, je me suis dit : c'est ça le problème des riches, ils ne savent plus faire les choses comme il faut. C'était un énorme gâteau au chocolat confectionné par Guy Savoy. Il montait de façon alambiquée, ça n'avait rien à voir avec un vrai gâteau d'anniversaire. Puis il y a la dispute qui a tout gâché entre Johnny et Michel Sardou avec Arthur comme arbitre. Les deux chanteurs sont fâchés à cause de ce que Sardou aurait dit sur la fille adoptive de Johnny : "Il est allé à Gstaad pour mettre la Vietcong sur les skis". » Aux alentours de minuit, en raison de son hostilité à Michel Sardou, le couple Hallyday choisit de quitter les lieux, accompagné d'Estelle et d'Arthur.

Un beau roman...

Ce lundi 28 janvier 2008, le président rentre tout juste de son voyage officiel en Inde. Une cinquantaine de parents, d'amis politiques et du show biz est réunie autour d'un potage aux truffes et à l'artichaut façon Guy Savoy, le pêché mignon du président, suivi de pizza, salade mozzarella, pâtes... L'ex-*top model* a engagé un décorateur pour la soirée et la nièce de sa nounou italienne sert les invités. Côté gouvernement, on aperçoit François Fillon, Premier ministre, Rachida Dati, Brice Hortefeux, Nathalie Kosciusko-Morizet, Bernard Kouchner, Rama Yade et Luc Ferry. Parmi les collaborateurs du chef de l'État, on note la présence de Franck Louvrier, chargé de sa communication, et de Catherine Pégard, conseillère à la présidence. Autre habitué des dîners d'anniversaire de Nicolas Sarkozy, Didier Barbelivien, accompagné de Laure, sa nouvelle compagne. « *L'anniversaire, c'était bien. En fait, Nicolas a surtout vu Carla pendant son anniversaire. Il ne voyait qu'elle. Et elle, son anniversaire, elle ne l'a fait que pour lui. On voyait une femme qui voulait faire plaisir à son mec* » se souvient l'auteur-compositeur-interprète. Quand on lui demande comment ont cohabité ses amis à elle, artistes bobos de gauche, et ses amis à lui, artistes de droite, il s'empresse de répondre : « *Mais la plupart des gens qui étaient là connaissent Carla depuis longtemps. On l'a tous croisée un jour où l'autre. Artiste, ça dépasse les clivages. Elle a des goûts beaucoup plus éclectiques qu'on imagine. C'est une femme avant tout. Je suis tout à fait serein, il faut parler de cette histoire de cette façon là : la rencontre d'un homme et d'une femme.* »[1]

---

[1] Conversation avec les auteurs.

Les autres invités sont les fils Sarkozy, Jean, accompagné de Rama Yade, et Pierre, le cadet, venu avec Sandrine, Martin Bouygues, PDG de Bouygues et propriétaire de TF1, le conseiller de Paris Pierre Charon, Nicolas Bazire, l'ancien directeur de cabinet d'Édouard Balladur, et les amis de toujours, Isabelle et Patrick Balkany. Sont aussi invitées deux ex-intimes de Cécilia, Agnès Cromback, directrice de Tiffany's & C° à Paris, et Mathilde Agostinelli qui est aussi une amie d'enfance de la famille Bruni. Puis Jacques Séguéla en compagnie de son épouse ou encore la mère de Carla Bruni, Marisa, et Dadu, la mère du chef de l'État, ainsi que l'écrivain Florian Zeller, auteur de la *Fascination du pire*, venu avec sa compagne, l'actrice Marine Delterme, très proche de Carla, ou encore Christian Clavier.

Ce n'est pas Carla Bruni qui a introduit la pipolisation dans la vie de Nicolas Sarkozy. Loin s'en faut. Leur union n'a fait que confirmer la propension de notre président à aimer la compagnie des vedettes. Il suffit pour s'en convaincre de se souvenir de la grande fête à la Concorde, le soir de son élection en mai 2007. Arthur, Mireille Mathieu, Enrico Macias, mais aussi Faudel, Didier Barbelivien entouraient le président fraîchement élu. Cette passion des stars ne date pas d'hier. Adolescent, il accrochait aux murs de sa chambre les posters de ses vedettes préférées. Maire de Neuilly-sur-Seine, il les recevait dans son bureau ou s'invitait chez elles. Un jour, le réalisateur Élie Chouraqui, victime d'une tentative de *car jacking* à Neuilly, a été aussitôt reçu par le maire en personne durant près d'une heure. Nicolas Sarkozy aime partager avec les artistes leurs peines mais aussi leur joie. « *À l'époque, Michel Sardou avait été marié par Achille Peretti, le maire*, se souvient Nicolas Sarkozy. *Tandis que trois mille fans se groupaient autour de la mairie, je suis allé jeter un coup d'œil. Les appariteurs pensaient que j'étais un fan. Je n'avais pas encore ma carte de conseiller municipal et je n'ai pas pu entrer ! Cela ne m'a pas plu, vraiment pas ! Ce sont des petites choses, mais il arrive qu'elles soient aussi importantes que les grandes. »*[1] Quelque trente ans plus tard, il n'a pas seulement franchi la barrière des VIP, il est une star parmi les stars, le président *people*. L'écrivain dramaturge Yasmina Reza, dans l'ouvrage qu'elle lui consacre en pleine campagne électorale, décrit une scène emblématique dans *L'Aube le soir ou la nuit* à l'occasion de la réunion publique de l'entre-deux-tours de la présidentielle, au Palais omnisports de Bercy, où défile tout le comité de soutien du futur chef de l'État : « *Il est vraiment le garçon qui a piqué la loge de Johnny, et qui n'en revient pas.* » Est-ce pour cela qu'il a souhaité un gouvernement de vedettes, de personnalités non politiques, lui qui en petit comité lance à son *staff* pré-présidentiel : « *On n'est pas élu grâce aux artistes, mais on ne peut être élu contre eux.* »[2]

Sa revanche, il la tient désormais : au Fouquet's d'abord où le rejoignent les couples Hallyday et Sardou. À la Concorde, ensuite. À son anniversaire aussi grâce à sa nouvelle compagne. Son goût pour les paillettes n'a guère échappé à Carla Bruni. Devant ce parterre hétéroclite, Nicolas Sarkozy lâchera cette confidence : « *Elle au moins, elle aime mes amis.* » Allusion à peine voilée à l'attitude de son ex-épouse Cécilia qui avait fait un tri sévère dans les relations de son mari. Carla Bruni, elle,

---

[1] *Au bout de la passion, l'équilibre*, Albin Michel, 1995.
[2] Flammarion, 2007.

justement, a organisé la soirée avec Pierre Charon qui est donc redevenu du même coup l'ordonnateur du premier cercle de Nicolas Sarkozy. Avec ses connexions dans le monde du spectacle et de la politique, il se présente comme le lien idéal et aide Carla à réussir ses premier pas en Sarkozie. Il lui décrit au passage les rapports de force et l'historique du clan Sarko. Carla se range à sa décision de ne pas inviter David Martinon, le proche de Cécilia mais néanmoins porte-parole de l'Élysée. Pierre Charon est la bête noire de Martinon. En revanche, elle n'écartera pas Rachida Dati. « *Je ne suis pas Cécilia, je n'ai pas de liste noire.* »

Tout au long de cette journée de préparatifs, Rachida Dati recevra de nombreux appels de Carla Bruni, inquiète de savoir si le secret de l'anniversaire surprise est bien protégé. Après une interview sur *Direct 8* et un passage éclair au dîner des parrains de SOS Racisme, la garde des Sceaux se rend à la fête du président. Au cours de la soirée, après le face à face bref mais tendu entre les deux femmes le soir du 31 décembre à l'Élysée, Carla porte un nouveau coup de griffe à Rachida Dati dont elle connaît les liens qui l'unissent toujours à l'ex-première dame : « *J'ai hésité à t'inviter mais finalement je l'ai fait...* » La garde des Sceaux blémit. Elle comprend que sa relation avec Carla ne sera définitivement pas de tout repos. En réalité, Rachida Dati n'apprécie guère Carla Bruni-Sarkozy, indépendamment de tout lien d'amitié avec Cécilia. Un proche du couple nous éclaire sur cette relation. « *En fait, c'est Rachida qui a mal vécu l'arrivée de Carla, et non l'inverse. Avant elle, elle était la star des femmes ministres. Aujourd'hui, elle a perdu de son rang auprès du président.* » Une attitude dont la première dame s'étonne. « *Je n'ai aucune hostilité à son égard. Je la vois fréquemment, elle me* *fait beaucoup rire. Elle a ce côté humour british, très pince sans rire. Ces rumeurs doivent prendre leur origine dans le fait que c'est une amie de l'ex-femme de mon mari mais il n'y a vraiment aucune hostilité entre nous. Je lui ai même envoyé deux adresses d'amis pour ses réunions d'appartements dans le VIIe arrondissement durant sa campagne municipale. »*[1]

Où est passée Carla ?

Au lendemain de son escapade romaine, Nicolas Sarkozy est sur un nuage. Dans l'avion qui le conduit à Kaboul, le 23 décembre 2007, il évoque avec les journalistes présents les récents voyages présidentiels : « *L'Algérie, c'était intéressant, hein ? Et la Chine, c'était fort, hein ? Et Rome... Ah, l'Italie...* » Son œil s'allume : « *On est de mieux en mieux vus en Italie... C'est beau ce pays avec la beauté italienne.* » Puis en retournant vers son salon, Nicolas Sarkozy éclate de rire et lance aux reporters accrédités qui le suivent dans quasiment tous ses déplacements : « *Finalement, le seul voyage que vous avez raté, c'est Disney.* » Il aime *Carlita* et souhaite que cela se sache.

Le pape Benoît XVI reçoit le jeudi 20 décembre 2007 le président français au Vatican. Nicolas Sarkozy doit prendre possession de son titre de « chanoine d'honneur de St-Jean-de-Latran » qui lui donne, entre autres privilèges, théoriquement, le droit de rentrer à cheval dans l'église construite au XVIIe siècle. Ce titre est décerné aux plus hauts dirigeants français, rois compris, depuis Henri IV. Au Vatican, le discours de Nicolas

---

[1] Conversation avec les auteurs.

Sarkozy provoque les applaudissements des nonnes et d'une partie de l'assistance. Surtout lorsqu'il martèle : « *Les racines de la France sont essentiellement chrétiennes.* » Dans les palais pontificaux, les sorties présidentielles sur la « *République laïque qui a sous-estimé l'importance de l'aspiration spirituelle* » ou « *le besoin de la France d'avoir des catholiques convaincus qui ne craignent pas d'affirmer ce qu'ils sont et ce en quoi ils croient* » résonnent favorablement. Joseph Ratzinger, qui mène une croisade contre le « relativisme », ne peut qu'apprécier ce discours.

En France, dans les jours qui suivent ce voyage, les critiques seront sévères à l'encontre des propos du chef de l'État. Citons le bloc-notes de Bernard-Henri Lévy, dans *Le Point* : « *Face à cette ahurissante série de provocations, on a le choix, comme souvent avec ce singulier président, entre plusieurs explications. Le rédacteur, peut-être. Oui, comme pour le discours raciste de Dakar, on pourra toujours imaginer la main un peu lourde d'un autre* speech-writer *ignare ou, simplement, exalté. Le cynisme, ensuite. La décision froide, calculée, d'aller faire un petit tour du côté des catholiques avant d'en faire très vite un autre – n'en doutons pas ! – du côté des juifs, des francs-maçons ou des musulmans. Et puis on peut créditer enfin le président de savoir, très précisément, ce qu'il dit ; et on ne pourra pas ne pas faire le rapprochement, alors, avec la seule grande idéologie française qui a pensé le catholicisme comme cette "culture" à laquelle on n'est pas forcé de croire mais qui scelle, comme nulle autre, pour peu qu'on lui en sous-traite le soin, la cohésion d'un lien social : le maurrassisme. De ces trois interprétations, je ne saurais dire laquelle me paraît la plus inquiétante. »*[1]

Au premier rang de la basilique de Latran, le cardinal Camillo Ruini préside en l'honneur de Nicolas Sarkozy une « célébration pour la France ». Marisa Bruni Tedeschi, manteau noir et collier de perles, vient s'asseoir discrètement tandis que Nicolas Sarkozy, attentif à son téléphone portable, ne veut pas que son adresse aux catholiques soit occultée par son affaire sentimentale. Et pourtant...

Arrive l'entrevue avec Sa Sainteté qui ne dure que vingt-cinq minutes. Le président français remet au Pape deux éditions inédites de Georges Bernanos et son propre ouvrage *La République, les religions, l'espérance*[2]. Puis présente la délégation à son hôte : le prêtre des banlieues, le père Guy Gilbert, l'humoriste Jean-Marie Bigard – le président en le présentant aura ce mot : « *Il a rempli le stade de France* » –, l'écrivain Max Gallo et l'ancien ministre Dominique Perben. À l'issue de cette visite, *Le Canard Enchaîné* rapporte ce propos de Nicolas Sarkozy : « *Amener Bigard chez le pape, c'est ça la rupture. Je me fous des critiques. À travers Bigard, j'ai montré que le peuple aussi pouvait rencontrer le pape. Et cette rupture, je la veux et je la jouerai jusqu'au bout.* »[3]

Manque une personne pourtant présente dans la délégation : Marisa Bruni Tedeschi. La mère de l'ex-mannequin attend dans les jardins du Vatican à la demande des services du protocole. Elle sera privée d'audience papale. La foule de Romains qui a aperçu le

---

[1] 16 janvier 2008.
[2] Éditions du Cerf, octobre 2000.
[3] 26 décembre 2007.

président français et sa délégation devant le restaurant où ils sont attablés après l'audience n'a pas ces égards. La correspondante de *Libération* raconte la scène : « *Monsieur le Président, avez-vous commencé à apprendre l'italien ?* » interroge une jeune femme. « *La presse italienne s'intéresse ces jours-ci beaucoup à moi ?* interroge le chef de l'État, sourire en coin. *J'ai toujours aimé l'Italie, son ciel bleu.* » Ces considérations philo-italiennes, il les renouvellera le jour de la vente de l'AGV, un nouveau train à grande vitesse, le 5 février 2008, devant les ouvriers d'Alstom : « *J'ai vu que les Italiens avaient acheté... C'est beau l'Italie, hein !* » provoquant les rires de l'assistance, dans une allusion à son mariage le samedi précédent avec Carla Bruni.

Une autre question intrigue : où est passée Carla ? La veille, la presse transalpine s'interroge : « *La Bruni sera-t-elle du voyage ?* » Le très sérieux quotidien *Il Sole 24 ore* explique qu'une « *demande pour l'inclure dans la délégation française serait parvenue au Vatican.* »[1] Au Vatican, personne n'ose évoquer la vie sentimentale du président. « *C'est la France que l'on reçoit aujourd'hui* » s'énerve le cardinal Poupard, prélat français et président du conseil pontifical pour la culture[2]. En ouverture du journal télévisé de la RAI, Carla Bruni annonce d'ailleurs elle-même qu'elle ne viendra pas à Rome. « *Nicolas a Roma, Carla a la casa* » titre le quotidien *La Repubblica*. Malgré les démentis officieux de l'Élysée, la demande a bien été faite. Les services du Vatican, très remontés contre l'insistance de l'Élysée, ont refusé de donner audience à un couple non marié. Et à la future belle-mère en conséquence. Ce ne sera pas la seule

[1] 19 décembre 2007.
[2] *Libération*, janvier 2008.

maladresse de Nicolas Sarkozy. Contrairement à l'usage, les chefs d'État voisins de l'Italie, en visite officielle au Vatican, ne se rendent jamais en même temps en Italie. Or, dans la foulée, le président se rendra à Rome au grand dam des autorités vaticanes. Dans la soirée, il dînera avec Romano Prodi et José Luis Zapatero. *« Pour une première, c'est un faux pas diplomatique »* souligne un ancien conseiller de Dominique de Villepin. D'autres suivront en matière protocolaire : en Égypte, puis en Inde, avant que l'Afrique du Sud et la Grande-Bretagne ne fassent oublier ces couacs d'amoureux transi.

« *Avec Carla, c'est du sérieux...* »

Du haut de ces pyramides, vingt-deux millions d'électeurs vous contemplent

Tous les paparazzis italiens et français se sont donné rendez-vous à Louxor où Carla et Nicolas passent quelques jours de vacances entre le 25 et le 29 décembre, prélude à une visite officielle du président Sarkozy au Caire, les 30 et 31 décembre 2007. Le couple ne donne pas dans la discrétion. Un convoi de seize véhicules, dont une Mercedes noire blindée aux vitres teintées, emprunte une sortie annexe de l'aéroport de Louxor, placée sous haute surveillance. Direction le Old Winter Palace, un hôtel très haut de gamme de la fin du XIXe siècle, de style victorien, au superbe jardin exotique. La suite pour deux personnes coûte en moyenne huit cents euros la nuit. Nicolas Sarkozy aurait souhaité retourner à l'hôtel Old Cataract d'Assouan, lieu choisi par le président François Mitterrand pour son ultime réveillon en 1995, quelques jours avant son décès.

Outre Carla Bruni, Nicolas Sarkozy est accompagné de sa mère Andrée, surnommée Dadu, son fils Jean, avec sa fiancée, Jessica, l'héritière Darty. Une occasion pour Carla et Dadu qui se sont déjà rencontrées au début de la relation de l'ex-mannequin avec le président, de mieux faire connaissance. Dadu a bien senti que Carla occupait une place à part dans le cœur de Nicolas. Ce voyage en Égypte en famille a un autre but, non avoué par Nicolas Sarkozy et nullement touristique celui-là : réussir à convaincre sa mère que Carla Bruni est faite pour son président de fils !

Costume sombre et chemise blanche, Nicolas Sarkozy, arrivé peu après quatorze heures dans cette ville-musée à sept cents kilomètres du Caire, grimpe, sous les objectifs des caméras et des appareils photo, les escaliers de l'hôtel main dans la main de sa belle, toute de noir vêtue. Sur la corniche, les ouvriers se sont affairés jusqu'à la dernière minute à repeindre les trottoirs. Aux abords du palace, tout est tiré au cordeau. Les forces de police égyptiennes tiennent à distance curieux et paparazzis. Le ministre égyptien de la Culture, Farouk Hosni, est réquisitionné durant tout le séjour du chef de l'État afin de lui servir de guide. En lice pour diriger l'Unesco, Farouk Hosni espère ainsi bénéficier du plein soutien de la France. Avant de s'engouffrer dans l'hôtel, le président salue des touristes d'un signe de la main. « *Les mesures de sécurité seront draconiennes* » prévient un responsable égyptien. Avant l'arrivée du chef de l'État en Égypte, un journaliste français qui filmait de nuit la façade de l'hôtel en a fait les frais. Arrêté avec son cameraman, emmenés tous deux au poste de police, ils en sont ressortis au bout d'une heure et demie. Comme à son habitude, Nicolas Sarkozy entame son marathon de visites. Au milieu des splendeurs pharaoniques, il aurait pu croiser Jean-Pierre Chevènement et le président de la région Île-de-France, Jean-Paul Huchon, qui eux aussi séjournent à Louxor.

Voyage touristique ou déplacement officiel ? Les objectifs politiques de ce premier déplacement au Proche-Orient sont noyés dans la mise en scène de sa visite privée. Prévue sur deux jours, la visite officielle ne dure que quelques heures, le temps d'un entretien et d'un déjeuner avec le président Moubarak, du dépôt d'une gerbe au mémorial el-Sadate, et d'un débat expédié avec des personnalités. Le tout entrecoupé de pauses « personnelles », dont un aller-retour très médiatisé aux pyramides avec Carla Bruni.

Il était prévu que l'ex-mannequin ne participe pas à la partie officielle du voyage. Au grand dam des autorités égyptiennes, on la voit la journée sur les sites touristiques, le soir dans les dîners officiels. La présence de celle qui n'est alors que la petite amie du président en indispose plus d'un sur cette terre d'islam très rigoriste. L'ex-mannequin assiste, dans les locaux de l'ambassade de France au Caire, à un échange entre Nicolas Sarkozy et des chefs d'entreprise, des intellectuels et des patrons de presse égyptiens. Peut-être le président teste-t-il les capacités de sa nouvelle compagne à affronter les obligations de sa future fonction ?

Les autorités égyptiennes, désireuses de préserver la morale face à l'opinion publique très conservatrice réclament davantage de discrétion. L'exhibition du couple n'est pas du goût de tous dans cette Égypte où les Frères musulmans, branche radicale de l'islamisme pudibond, exercent une forte pression sur le président

Moubarak. Un rigoriste parlementaire s'en prend directement au gouvernement lui rappelant que « *la loi et la tradition musulmanes interdisent aux personnes qui ne sont pas mariées ou ne font pas partie de la même famille de partager la même chambre.* »

Indifférent aux polémiques, le couple profite d'une dernière matinée dans l'ancienne capitale de l'Égypte pharaonique, ce 31 décembre 2007. Le président de la République, en chemise kaki, Ray Ban sur le nez et une Patek Philippe 3940G en or gris au poignet – un cadeau de Carla – se prête une fois de plus au jeu des photos avec les touristes, acceptant même de poser avec sa compagne, pour des Égyptiens travaillant sur le site archéo-logique. Les photographes professionnels multiplient les clichés, surtout lorsque Carla Bruni en voile blanc embrasse son ami en chemise à carreaux sur la joue, une scène répétée plusieurs fois au cours de ce périple. Jouant aux paparazzis, les objectifs des touristes de toute nationalité guettent eux aussi le couple. « *Mister President* » lance un Anglais qui veut attirer l'attention du chef de l'État pour immortaliser la scène. En fait, il s'agit d'un photographe qui travaille pour la presse française. « Les rats », comme on les surnomme dans la profession, sont prêts à tout pour obtenir *le* cliché ! Le couple naissant s'apprête à rejoindre les incontournables vedettes du show biz dans les journaux *people*.

En Europe, les commentateurs politiques s'interrogent sur le nouveau style de la présidence française. Ainsi, en Italie, pays de naissance de Carla Bruni, l'éditorialiste du quotidien *La Repubblica* s'inquiète de voir « *sur le trône de De Gaulle, un président en manches de chemise, avec la chemise déboutonnée et les lunettes de soleil d'Alain Delon, qui reçoit ses ministres les pieds sur la table et tutoie (presque) tout le monde.* » C'est en

Allemagne que les commentaires sont les plus virulents. Ici on préfère la réserve façon Angela Merkel à l'exubérance de Nicolas Sarkozy. Les journaux allemands ont reproché au président français après son installation à l'Élysée de tirer la couverture à lui sans grand ménagement pour Berlin, en particulier dans les affaires européennes. Amère et un brin revancharde, la presse allemande l'accuse désormais d'instrumentaliser sa vie sentimentale. « *S'imagine-t-on, l'espace d'une seconde, la chancelière alle-mande se laisser payer ses vacances à Ischia, avec* [son mari] *Joachim Sauer, par Tchibo* [une chaîne de distribution] *Combien de temps encore Merkel resterait-elle en fonction ?* » s'interroge, perfide, le tout-puissant hebdomadaire *Der Spiegel*. L'Allemagne, partenaire privilégié de la France dans cette Europe qui cherche depuis quelques années à se relancer, sent bien que le président français se détourne d'elle peu à peu. Il a désormais les yeux rivés sur la Grande-Bretagne. Cette intuition germanique se vérifiera lorsque Nicolas Sarkozy, fin mars 2008, foulera, en visite d'État, le sol britannique. « *Je suis venu proposer au peuple britannique* [...] *une nouvelle amitié franco-britannique* » lancera-t-il dans une offensive de charme qui n'eut pas l'heur de plaire outre-Rhin.

Pour le moment, la presse d'outre-Manche, qui a fait ses choux gras de l'officialisation de la nouvelle liaison présiden-tielle au parc Disneyland, se fait en cette fin d'année 2007 encore plus mordante. Le tabloïd *The Sun* ose le recours à l'histoire : « *Napoléon est allé en Égypte avec trente-quatre mille soldats pour trouver la gloire. Nicolas Sarkozy y est allé avec Carla Bruni pour une raison identique.* »

À l'Élysée, au gouvernement, au Parlement, conseillers ministres et députés se passent sous le manteau la revue de presse internationale. *« Nous voulions que la France retrouve son éclat dans le monde entier, nous voilà servis,* ironise un spécialiste des affaires internationales. *Mais pas pour de bonnes raisons. »* Dans un maelstrom enivrant et mondial, journaux « sérieux » et magazines *people* rivalisent de commentaires et de photographies. Les médias américains ne sont pas en reste. *TMZ,* qui attire des millions de lecteurs par mois, ne consacre pas moins de trois articles avec photos de baignade en mer Rouge à l'appui. Même intérêt pour l'édition en ligne de l'hebdomadaire *People* – plus de 3,5 millions d'exemplaires – qui se demande si *« Carla Bruni va dédier une chanson d'amour à Sarkozy ? »*

Certains participants français à la partie officielle de ce voyage souhaitent la voir, cette fameuse Carla Bruni qui a su faire chavirer le cœur du président. Nicolas Sarkozy ne se fait pas prier et retient les invités qu'il reçoit à son hôtel : *« Restez encore cinq minutes. Je vais la chercher. »* Certains des collaborateurs les plus proches du chef de l'État ont ainsi le privilège de partager quelques instants du dîner avec l'ex-mannequin, ce 30 décembre, comme Henri Guaino, son conseiller spécial, Jean-David Levitte, son sherpa, David Martinon, son porte-parole, Franck Louvrier, son conseiller en communication, ou encore Boris Boillon, conseiller technique chargé du Proche et du Moyen-Orient. Ce soir-là, Bernard Kouchner qui connaît Carla Bruni depuis longtemps, est également présent.

Cet étalage amoureux coûtera fort cher en popularité au président. Mais pour le moment, si l'on grince des dents au palais et dans la majorité présidentielle dans l'opposition, on feint de se détacher de cet événement. Pour le moment seulement…

Au lendemain de son arrivée à Louxor, le 25 décembre 2007, le président téléphone à un ami : « *Alors, les images à la télévision ? C'était bien ?* » Les images, oui, mais les effets sur les opinions égyptienne et plus tard française, désastreux ! À partir de ce voyage, la pyramide des sondages commence à s'inverser. « *De Disney à Louxor, le président donne le sentiment de passer de : je m'occupe des Français à : maintenant je m'occupe de moi.* » Ce jugement émane d'un expert qui fréquente les allées du pouvoir. Ce *spin doctor* date de la fin de cette année 2007 le début du dévissage présidentiel. Il est vrai que si la séquence Disney représente l'archétype de ce qu'il faut éviter en matière de communication politique, la sortie égyptienne n'a rien arrangé, bien au contraire. Alors que le vent du désert a effacé les dernières traces de la visite élyséenne, le président Moubarak, afin de calmer l'ire des islamistes, interdira, à l'occasion de la Foire du Livre du Caire en janvier 2008, une série d'ouvrages, dont ceux du Franco-Tchèque Milan Kundera ou du Marocain Mohamed Choukri tandis que les stands de cette manifestation, la plus importante du monde arabe, seront submergés par les ouvrages islamiques. Dommages collatéraux de cette visite présidentielle française mouvementée ? Peut-être.

Direction Pétra

En cette première semaine de janvier 2008 à la veille d'une conférence de presse importante, le choix de Pétra comme destination de villégiature pour le nouveau couple tient-il tout à fait du hasard ? Souvenons-nous. En mai 2005, Nicolas Sarkozy candidat à la présidentielle annule un passage au journal de vingt heures de TF1. Il faut que la raison soit à la hauteur de l'événement. L'entourage du président de l'UMP évoque un « *coup de fatigue* ». Surmenage ministériel ? Il n'en est rien. Son épouse, Cécilia, lui a annoncé, quelques jours auparavant qu'elle le quittait pour un autre homme. Les participants du Forum de Pétra, réunion de prix Nobel sous l'égide de l'écrivain Élie Wiesel, découvrent en cette journée ensoleillée de mai Cécilia au bras de Richard Attias.

Qu'est-ce que Nicolas Sarkozy a dans la tête lorsqu'à son tour il s'exhibe à Pétra avec Carla Bruni ? Besoin de soleil et soudaine passion pour les sites archéologiques ? Il s'y trouve, dit-on à l'Élysée, dans un cadre « privé » même si l'on sait qu'il doit s'entretenir dans la soirée avec le roi Abdallah II de la situation au Proche-Orient. C'est d'ailleurs sur l'invitation royale que le chef de l'État se déplace en Jordanie. Visite privée donc, mais pas anonyme. Les équipes de télévision sont convoquées à condition qu'elles ne posent pas de questions. Comme si le chef de l'État tenait absolument à ce que son bonheur apparaisse au grand jour. Et il en fait beaucoup en la circonstance. Un peu trop, juge Cécilia… qui trouve son ex-époux « pitoyable » sur les terres de son propre adultère. « *Je vais pourvoir prendre un nouveau départ sans regarder derrière moi* » lâche-t-elle devant des proches. C'est vrai qu'il en fait beaucoup, le président. On le voit, vêtu d'une veste bleu marine, le fils de sa compagne, Aurélien, sur les épaules, se promener avec à ses côtés l'ex-mannequin, lunettes de soleil, veste de cuir et pantalon noir. Une dizaine de photographes attendent le couple depuis les premières heures de la journée dans les ruines de grès rose de Pétra, sous un ciel brumeux et une température de quatre degrés. Le couple pose avant d'entrer dans le site du

Trésor datant du Ier siècle après **J-C**, protégé par la sécurité jordanienne qui, timidement, éloigne la presse. Sur ce site, le plus prestigieux des ruines classées au Patrimoine mondial de l'Unesco, des centaines de touristes, en majorité américains, français et d'autres nationalités européennes, regardent avec étonnement ce déploiement policier.

C'est en vol régulier que Cécilia a gagné Amman en mai 2005, puis en hélicoptère qu'elle s'est rendue à Pétra retrouver son futur époux, le flamboyant Richard Attias. Nicolas Sarkozy et sa compagne ont, eux, rejoint la capitale jordanienne dans l'avion du roi et ont gagné samedi Pétra en hélicoptère. Tout irait pour le mieux dans le meilleur des mondes possibles si un grain de sable n'allait enrayer la belle mécanique. Inattendu. Il a pour nom Raphaël Enthoven.

Il était resté silencieux jusque-là. L'ex-compagnon de Carla Bruni, professeur de philosophie, est séparé d'elle depuis plusieurs mois. C'est lui qui l'a quittée pour une autre femme, philosophe comme lui. On le verra en mars 2008 au bras d'une comédienne. Carla a très mal vécu la séparation. *« Ce sont des gens minables que tu vas désormais fréquenter »* aurait lancé la femme blessée. Aurélien, l'enfant qu'ils ont eu ensemble, les oblige à entretenir un minimum de relations. Ils se sont beaucoup aimés, ils ne devraient pas tout à fait se haïr. On se souvient des conditions de leur rencontre : Raphaël, marié à Justine, la fille de Bernard-Henri Lévy, succombe aux charmes de Carla Bruni, alors « proche » de Jean-Paul Enthoven, son propre père. La rupture de Justine et Raphaël fut douloureuse. Entre les deux séquences, il y eut un livre – vengeur – de l'ex-épouse trompée, Justine ; puis un psychodrame familial – Carla exigeant de son compagnon qu'il n'adresse plus la parole à sa propre famille, persuadée alors que Bernard-Henri Lévy et Jean-Paul Enthoven sont les véritables auteurs de *Rien de grave* signé par Justine[1] ; et enfin, comme une réponse, la promotion de l'album et du *single, Quatre consonnes et trois voyelles*, qui les rendirent tous deux, Carla et Raphaël, si populaires. Mais tout ceci est bien loin désormais. Le vaudeville cède la place à la comédie humaine et les contes de fées à l'implacable réalité de la vie.

Après Disney où Aurélien accompagnait déjà le couple, Raphaël s'est tu et a encaissé. Mais là, à Pétra, trop c'est trop. Il n'a pas voulu troubler les vacances de son ex-compagne mais il en a suffisamment vu pour que son sang se glace. C'est sa propre mère, Catherine David, journaliste au *Nouvel Observateur,* qui l'a d'abord alerté sur l'incongruité de la scène : le petit Aurélien, sur les épaules de Nicolas Sarkozy, tous deux mitraillés par les photographes. Quelques mois plus tard, devant la société des rédacteurs du *Nouvel Observateur* réunie en assemblée générale à la suite de l'affaire du prétendu SMS de Nicolas Sarkozy à son ex-épouse Cécilia, la journaliste, écœurée que l'hebdomadaire fondé par Jean Daniel se livre à un journalisme de « *trou de serrure* » se définira elle-même, par le biais d'une lettre lue par un tiers, comme « *la grand-mère de l'enfant de Pétra* ». C'est dire si la douleur est grande.

Dès qu'il la sait de retour en France, Raphaël appelle Carla sur son portable en même temps qu'il adresse une mise en demeure à plusieurs groupes de presse pour leur intimer l'ordre de respecter la vie privée et le droit à l'image de son fils

---

[1] Stock, février 2004.

Aurélien. L'avocat de Raphaël Enthoven, Angélique Berès, cible *Le Parisien*, le groupe Hachette-Filipacchi *(Journal du Dimanche, Elle, Paris Match, Public…)*, Prisma Presse *(Voici, Gala, VSD…)* et Mondadori France *(Closer…)*. « *En particulier, Raphaël Enthoven s'oppose à toute reproduction sans son autorisation de photographies qui le représenteraient ou permettraient de l'identifier dans des moments d'intimité et de détente. À défaut, il m'a donné pour instructions de prendre à votre encontre toute mesure propres à assurer la sauvegarde de ses droits* » prévient l'avocate dans un courrier. Cette juriste, amie de la famille, n'est autre que l'épouse de Denis Olivennes… À Saint-Germain-des-Prés, des clans pro et anti Carla sont-ils en train de se constituer ? « *À l'Élysée, on observe à la loupe les éditos de BHL dans* Le Point » confie un habitué des mœurs germanopratines. Le philosophe, lui, refuse de commenter les faits et gestes du couple présidentiel. Sollicité, il adopte une posture toute philosophique : « *Il est bon de parler et meilleur de se taire.* » On n'en saura pas davantage.

Pour tenter de dédouaner celui qui depuis est devenu son mari, Carla Bruni-Sarkozy revient dans sa première interview de première dame sur cette scène, désastreuse en termes d'images. Et l'on peut ajouter, de relations familiales. « *À Pétra, après quarante-cinq minutes de marche, j'étais épuisée à force de porter mon fils ; Nicolas l'a pris sur ses épaules, et j'ai apprécié ce geste sans réfléchir. Quand j'ai vu les photographes qui étaient là, j'ai dit à mon fils de se cacher le visage, parce que je pensais qu'il valait mieux qu'il ne soit pas reconnaissable sur les clichés. Mon erreur a été de ne pas prendre la mesure de ce qui allait arriver, de ne pas réagir assez vite lorsque j'ai vu les six cents photographes réunis soudainement. Quelques secondes ont suffi. Mon erreur la plus grande, bien sûr, a été d'emmener mon fils dans cette visite à Pétra. Cela a donné une image choquante, violente, obscène, qui m'a procuré de la honte en tant que mère. Ce n'est pas l'erreur de Nicolas, c'est la mienne.* »[1]

Carla Bruni aurait dû se souvenir d'une réponse qu'elle donnait à un journaliste, quelques mois après son accouchement. À la question : pourquoi ne veut-elle pas qu'on prenne son fils en photo avec elle ? elle eut cette réponse pleine de sagesse : « *Parce que je ne veux pas avoir à décider à sa place* [...] *Je ne supporte pas cette omnipotence que la maternité peut donner. Dans cette omnipotence, il y a l'exhibition de ses enfants à travers l'image, qui, en ce qui me concerne, me dégoûte.* » C'était dans une autre vie, avec un autre homme.

Nicolas Sarkozy, lui, n'a jamais rechigné à mettre en scène ses enfants. Et Louis en particulier, comme ce jour de novembre 2004 au congrès du Bourget où, sur un écran géant, l'enfant lance ce « *Bonne chance, mon papa* » au président de l'UMP fraîchement élu. Le maître d'œuvre de ce spectacle n'est autre que Richard Attias, à l'époque PDG de Publicis Events Worlwide. Au sein de la classe politique et de la presse, cette mise en scène choquera les partisans de la séparation entre vie privée et vie publique.

Le président bling-bling

Au Caire, Nicolas Sarkozy se refuse à répondre aux attaques de l'opposition de gauche ses vacances, se réservant pour la

---

[1] *L'Express*, février 2008.

conférence de presse qu'il doit donner à Paris le 8 janvier 2008. « *Rien* » répond-il sobrement à un journaliste qui lui demande de réagir aux critiques lors du point de presse qu'il tient aux côtés de son homologue égyptien Hosni Moubarak.

Car en cette veille des fêtes de fin d'année éclate une polémique qui ressemble à s'y méprendre à celle qu'avaient suscitée les largesses de Bolloré, lorsqu'il avait – déjà – offert au président et à sa famille un somptueux voyage à bord de son Falcon pour une croisière sur son yacht au large de Malte, en mai 2007. Le président français est arrivé à Louxor à bord d'un jet privé, un Falcon 900 immatriculé F-HBOL, encore propriété de Vincent Bolloré, douzième fortune française. La gauche se mobilise. Une réunion d'urgence se tient au siège du Parti Socialiste pour mettre au point l'offensive. Mais la trêve des confiseurs, l'absence des éléphants du PS et le manque d'accord sur la stratégie à adopter empêchent tout tir groupé. « *J'ai tout suite compris qu'il y avait entre ces deux personnes la naissance d'un véritable amour. Ils sont tous deux arrivés à maturité et je voyais bien à l'époque qu'ils ne nous jouaient pas la comédie de l'amour fou* » confie en avril 2008 le porte-parole du PS, Julien Dray. À l'époque, le député de l'Essonne se contentera de dire : « *La vie sentimentale du président de la République peut être mouvementée, c'est son droit, c'est sa vie* [...] *C'est vrai, c'est un beau conte...* »[1] Franc-tireur, le député Arnaud Montebourg est l'un des rares à réagir. « *Je regrette de devoir m'interroger sur les contreparties que M. Bolloré, homme d'affaires rusé, est en droit d'attendre de la République, car dès lors que le président de la République se met en situation de dépendre des*

---

[1] *I>Télé*, 18 décembre 2007.

faveurs des milliardaires, il y a forcément des contreparties et nous nous interrogeons : lesquelles ? » lance le député socialiste de Saône-et-Loire sur France-Inter[1]. *« Ce mélange des intérêts privé et public est nuisible à l'impartialité de l'État,* ajoute-t-il, estimant que *l'on ne peut mener une politique qu'à l'écart des puissances de l'argent. »* Son ex-adversaire de la présidentielle, Ségolène Royal, accuse carrément Nicolas Sarkozy de *« mettre en cause l'indépendance et la dignité de la fonction présidentielle,* lui demandant de cesser de *« provoquer par son comportement ostentatoire »*[2].

Désappointés par le tir de sommation d'une partie de la gauche mais surtout sonnés par les images du couple présidentiel, les poids lourds de la majorité et du gouvernement, faute de consigne de leur état-major, ne réagissent pas ou le font en ordre dispersé. Le secrétaire d'État au Tourisme et à la Consommation, Luc Chatel, ose, sur Europe 1, un timide : *« Le président a montré son engagement au service des Français. Il montre tous les jours son engagement, il a aussi droit à une vie privée, le droit de prendre quelques jours de repos. »*[1] Preuve de l'improvisation, la défense est mal assurée par un très proche du chef de l'État, Patrick Balkany, qui, sur RTL, compare, sans rire et maladroitement, Bolloré et son jet à *« un ami qui vous* [prêterait] *sa voiture »*[3]. Muet sur ce qu'il considère comme *« un voyage privé »*, le service de presse de l'Élysée se refuse à tout commentaire. André Santini, secrétaire d'État à la Fonction publique, estime, étonnamment, sur RTL, que *« les gens sont peut-être un peu jaloux »*[4]. Jaloux ?

---

[1] 26 décembre 2007.
[2] *Idem.*
[3] *Idem.*
[4] *Idem.*

Surtout révoltés ! Dans un sondage LH2 publié le 7 janvier 2008 par *Libération*, 63 % des sondés estiment que le président affiche trop sa vie privée. Critique à laquelle s'ajoute un ras le bol lié au manque de résultats sur la baisse du pouvoir d'achat. *« Le grand enjeu de 2008, ce n'est pas de savoir qui le chef de l'État emmènera en vacances à Pâques, mais vers quoi il entraînera le pays »* tranche Paul-Henri du Limbert dans *Le Figaro*[1]. Pour le moment, Nicolas Sarkozy se tait et profite des derniers rayons de soleil avec Carla Bruni à son bras, sous les flashs des photographes.

La force de la déferlante surprend l'Élysée et le président au premier chef. Dans l'équipe des conseillers de Nicolas Sarkozy, on comprend que l'image du locataire de l'Élysée est passablement dégradée. Signe que l'alerte est sérieuse, la conseillère du chef de l'État, Catherine Pégard, longtemps silencieuse – du moins publiquement – s'exprime pour la première fois dans une interview au *Monde* le 7 janvier 2008. Ancienne journaliste au *Point*, elle connaît l'univers des médias, ses codes et ses exigences, et définit elle-même sa fonction comme *« journaliste à usage privé »*.

Si le président *« adore s'afficher dans la provocation, la transgression, c'est sa façon d'affirmer sa liberté »* dit-elle. Il n'y a pas de *« plan de communication »* visant à mettre en scène la vie privée du président de la République à des fins politiques, assure Catherine Pégard. Au contraire, la spécificité du chef de l'État par rapport à ses prédécesseurs tient à *« sa volonté de réduire sa part de comédie »*. À l'Élysée, tout le monde ne partage pas cette approche. *« Nicolas Sarkozy est en train de se rendre compte qu'un président n'est pas quelqu'un de libre »*

---

[1] 26 décembre 2007.

concède une conseillère. Mais, selon elle, « *tout le discours qui consiste à dire qu'il essaie de faire oublier sa vie privée dans ses discours publics ou l'inverse est faux* ».

La réaction de l'Élysée reste en deçà de l'ampleur de la polémique, du moins dans un premier temps. Ce mardi 8 janvier 2008, date de la première conférence de presse de son quinquennat – qui remplace les traditionnels vœux à la presse – l'ambiance est surréaliste dans la salle des fêtes de l'Élysée. Au palais, on commence à comprendre que les sondages vont s'aggraver car la séquence Disney-Égypte-Pétra est du plus mauvais effet sur l'opinion. Comment un président qui tenait toutes les cartes en mains, une droite aux ordres, une gauche sonnée, une extrême droite marginalisée, comment lui, le vainqueur par KO de la présidentielle, est-il devenu en si peu de temps l'homme de tous les déboires ? Le discours de Nicolas Sarkozy devient de moins en moins lisible. Ainsi on s'interroge sur la formule de « *politique de civilisation* », lancée en direct à la fin des vœux du 31 décembre. Cette expression, empruntée au philosophe Edgar Morin, plutôt classé à gauche, donne le sentiment que Nicolas Sarkozy remplace son projet présidentiel par un autre programme. Ce grand moment résume assez bien l'emballement et raconte l'ensablement de la popularité de Sarkozy dans les sables égyptiens.

Le week-end précédent cette conférence de presse, *Le Journal du Dimanche* a barré sa une d'un titre affirmant connaître la date du mariage : le 9 février. Tous les journalistes et les Français veulent savoir. « *Avec Carla c'est du sérieux mais ce n'est pas le JDD qui fixera la date du mariage* » prévient le président de la

République au cours de cette conférence de presse. Et d'ajouter : *« Il y a de fortes chances que vous l'appreniez quand ce sera déjà fait. »* Le chef de l'État est en présence d'au moins cinq cents journalistes d'une quarantaine de pays. L'envoyé de *France 24* qui interroge Nicolas Sarkozy au sujet de son éventuel mariage a dû patienter près d'une heure avant de poser la question qui brûle les lèvres de nombre de ses confrères et consœurs – le temps d'un long préambule du chef de l'État et d'une première réponse. Près d'une heure mais, ironise le président, *« ce qui est extraordinaire c'est que vous m'avez fait la gentillesse d'attendre la deuxième question. »* Et de poursuivre, d'humeur badine : *« Le monde entier est suspendu à cette question. C'est votre côté sentimental et, après tout, je le suis aussi. »* Suivent d'autres interpellations sur la confusion des genres, la frontière entre vie publique et vie privée. Nicolas Sarkozy les récuse une à une et évoque sur un mode ironique les pratiques des anciens locataires de l'Élysée : *« Je remercie les médias français de s'intéresser davantage à mon déplacement qu'ils ne s'intéressaient aux déplacements de mes prédécesseurs, François Mitterrand et Jacques Chirac, lors de leurs séjours privés en Égypte. »* *« Qu'est-ce qu'on préfère, que je me déplace aux frais du contribuable français ? »* lance-t-il en évoquant les contraintes de sa fonction. *« Il y a des problèmes de sécurité pour un chef de l'État, qui est suivi par sa sécurité, par un médecin, par un aide de camp qui le tient en liaison avec l'armée française pour la bombe atomique, qui est suivi par des transmetteurs. Il est suivi par une dizaine de personnes et ça n'est pas forcément très simple de mettre ces dix personnes dans un charter pour Charm el-Cheikh. »*

Le président « *n'a pas le droit au bonheur plus qu'un autre mais pas moins qu'un autre* » poursuit-il. « *J'ai beaucoup réfléchi à cette question. Je n'ai pas voulu mentir et je me suis inscrit en rupture avec une tradition déplorable de notre vie politique, celle de l'hypocrisie, celle du mensonge.* » Nicolas Sarkozy fait remarquer que les journalistes n'auraient jamais posé la même question à ses prédécesseurs dans de telles circonstances. Il fait mine de s'en réjouir : « *C'est très satisfaisant pour moi. La France évolue.* » Il fait notamment allusion au président François Mitterrand, dont la double vie sentimentale et familiale était, souligne-t-il, recouverte d'une « *chape de plomb* ». Quand le président socialiste allait en vacances en Égypte, « *avec avion présidentiel et différentes familles, tout le monde savait, personne ne parlait* » poursuit-il. « *Je ne me permets pas de juger. Chacun sa vie, la vie est si difficile et si douloureuse* » ajoute Nicolas Sarkozy. Puis revenant à son propre itinéraire sentimental du moment, le président met les points sur les i. « *Avec Carla, nous avons décidé de ne pas mentir. Nous ne voulons rien instrumentaliser mais nous ne voulions pas nous cacher. Je ne voulais pas qu'on prenne une photo de moi au petit matin glauque, je ne voulais pas qu'on prenne une photo de moi le soir et je ne voulais pas que, sous le manteau, vous décriviez la même hypocrisie. La vie d'un président sur ces questions essentielles qui sont celles de l'amour, c'est comme la vie de n'importe qui. Je me lève le matin, et je me couche le soir, comme un certain nombre de millions de Français* » souligne le président de la République, en laissant poindre une amertume à l'égard de la presse. « *En 2007, j'ai divorcé, ça ne fut pas la période la plus heureuse de ma vie [...] J'ai vu quantité d'articles. Je me suis dit que certains qui écrivaient ces articles n'avaient jamais dû divorcer pour écrire de telles choses, comme j'avais divorcé pour masquer les grèves sur les régimes spéciaux. Je ne leur en ai pas voulu, j'ai simplement eu honte pour eux d'être si éloignés des réalités de la vie.* » Puis Nicolas Sarkozy se fait plus précis : « *Je n'ai donné aucune instruction à aucune rédaction. En décembre, nous avons l'idée originale d'aller* [avec le fils de Carla Bruni] *à Disney. Il y a des photos. Eh bien très bien. Si ces photos sont trop douloureuses, n'envoyez plus de photographes, nous nous ferons une raison !* » ironise-t-il. « *Et lorsqu'on a été en Égypte en vacances on a décidé, idée originale, de visiter les pyramides. Très original. Mais si vous avez peur d'être instrumentalisés, n'envoyez pas de photographes ! Nos vacances seront excellentes quand même !* »

Nicolas Sarkozy laisse donc clairement entendre qu'il envisage d'épouser Carla Bruni, tout en gardant le mystère sur la date envisagée pour l'événement.

Exercice raté, cette conférence de presse inaugure une série de brouillons où chaque jour le président explique les annonces de la veille. Il suscite le débat en annonçant tout à trac une refonte de l'audiovisuel public puis en admettant que les caisses sont vides et qu'il n'est pas possible de fonder la politique de la France sur le pouvoir d'achat. Lui, le chantre de la relance de la croissance, se dénie. Ce cocktail – une dose de vie privée et un volume de fatalisme – se révèle explosif. Trop de Carla, pas assez de pouvoir d'achat vont lui rétorquer les Français, sondage après sondage. Le président, lui, s'investit dans sa nouvelle histoire d'amour avec la riche héritière italienne, ex-*top model*, séductrice en diable, chanteuse connue dans le monde entier et femme de gauche. Ses rêves de célébrité sont comblés. Les Français, eux, peuvent bien attendre. Mais pour combien de temps encore ?

Signe de l'embarras ou peur de représailles à la veille des scrutins des premier et second tours des cantonales et des municipales de mars, peu au sein de la majorité acceptent de s'exprimer ouvertement. Mais certains se lâchent sous couvert d'anonymat. « *Désarçonnés* », « *catastrophés* », « *furieux* » : nombre de députés de droite qualifient ainsi en aparté leur état d'esprit dans les couloirs du Palais-Bourbon comme le rapporte le journaliste de l'AFP venu sonder leur âme. « *J'ai entendu un collègue dire "ma mère ne votera plus pour lui"* » rapporte l'un. « *Et puis se remarier trois mois après un divorce, avec une dame qui est contre la monogamie... À quand le troisième divorce ?* » s'inquiète un autre. « *La communication personnelle du président Sarkozy nous pose un problème politique* » s'exclame un parlementaire. « *Le côté pipolisation déstabilise l'image de la fonction* » craint un élu. Nouvelles salves de critiques, lors de la dernière réunion du groupe UMP avant les municipales de mars 2007. L'ambiance n'est pas au beau fixe. « *Quand Jean-François Copé, le président, a donné la parole pour savoir comment cela se passait sur le terrain, personne n'a voulu la prendre, et quand le groupe se tait, c'est que cela va mal* » décrypte l'un des élus participants. « *En dehors de la salle, tout le monde ne parlait que de cela, on entendait des "mais où est-ce qu'on va ?", des "c'est mal ressenti",* nous raconte un autre. *Tout le monde est fixé là-dessus car, sur le reste, il n'y a pas de grandes difficultés.* » Il est vrai que Jean-François Copé a lancé, sous forme de boutade, à ses collègues UMP : « *Messieurs les dépités !* » Le journaliste de l'AFP parti sonder les cœurs et les reins des partisans de Nicolas Sarkozy ne relatait pas autre chose. « *La façon dont Nicolas Sarkozy ne cache rien de sa vie privée et la façon dont tous ses faits et gestes font l'objet d'une attention particulière est un nouveau mode de traitement de la vie privée des responsables politiques auquel on va devoir s'habituer* » analyse Jean-Paul Anciaux, député de Saône-et-Loire. « *J'avoue que j'ai un peu de mal à intégrer cette nouvelle donne, il faudra sans doute un peu de temps* » poursuit-il. « *Cela interpelle quand même nos citoyens qui ont un petit peu de mal à intégrer cette nouvelle image du président* » confie Yves Bur du Bas-Rhin. Hervé Mariton, député de la Drôme, juge que « *les politiques seront d'autant plus libres qu'ils seront distincts du* star system. *Est-ce qu'on décide de qui doit nous accompagner tout au long de notre vie en fonction des électeurs ? Les histoires du qu'en dira-t-on, je les laisse* » relativise Jérôme Chartier du Val-d'Oise. Plusieurs ministres, sous couvert d'anonymat, manifestent également une gêne, voire une réprobation. « *Toutes ces unes de* Voici, Gala... *cela ne passe pas dans l'électorat de droite* » déclare un ministre candidat aux municipales. Signe du désarroi et de la fronde, en quelques semaines, les sigles UMP ont presque tous disparu des tracts et affiches électoraux. Pour le moment, les candidats de droite ne souhaitent pas la visite de Nicolas Sarkozy sur leurs terres. Aucun d'entre eux ne pense augmenter ses chances d'être élu ou réélu en invitant le chef de l'État. Surtout dans des villes où la droite se sent menacée. Tout au long de la campagne des municipales, Jean-Claude Gaudin, le maire de Marseille, restera sourd à la proposition élyséenne d'organiser un meeting.

L'impopularité de Sarkozy ne va-t-elle pas devenir un problème pour l'UMP lorsqu'elle se transformera en défaite électorale ? Tant que c'est l'opinion qui grogne, ça va encore. Mais quand la grogne se présente à quelques semaines d'une consultation, les élus se rebellent. Or l'UMP est un parti d'élus, et s'il devait y avoir une déroute aux municipales, le parti demanderait des comptes à Nicolas Sarkozy. D'autant que le chef de l'État a décidé, quand il est arrivé au pouvoir, de ne pas se faire remplacer poste pour poste à la tête de l'UMP. C'est une première de la part d'un président élu.

Il y aura bien échec aux municipales, mais c'est à la tête de l'UMP que l'Élysée désigne le responsable de la perte de neuf millions d'électeurs par rapport à la dernière présidentielle. Nicolas Sarkozy a en ligne de mire son compagnon Patrick Devedjian, secrétaire général du mouvement sur qui pleuvent les critiques. La reprise en main de l'UMP aura les visages de Nathalie Kosciusko-Morizet et de Xavier Bertrand, deux fidèles du chef de l'État qui, désormais, vont encadrer le président du conseil général des Hauts-de-Seine. En outre, Nicolas Sarkozy a décidé de remanier son équipe après avoir fait entrer de nouveaux secrétaires d'État au gouvernement. La montée en force des « sarkozystes de la deuxième génération » caractérise cette nouvelle étape. Bertrand et Kosciusko-Morizet, tous deux issus des équipes juppéo-chiraquiennes, deviennent les nouvelles effigies de la Sarkozie aux côtés des « grognards » qui ont entendu le message. Et Nicolas Sarkozy, au lendemain du scrutin municipal, se remanie… lui-même ! « *On est dans la correction du début de mandat comme l'ont vécue tous les présidents de la République* explique un proche conseiller du président. *Il est arrivé à l'Élysée, porté par un élan de vingt-cinq ans pour conquérir le poste. Il fallait bien neuf mois pour s'installer et réaliser qu'il avait changé de sphère. C'est le rythme normal.* » Un autre conseiller de l'Élysée met l'accent sur les aléas de la vie privée du chef de l'État : « *Depuis deux ans, Nicolas Sarkozy est en apesanteur.* » Son histoire tumultueuse avec Cécilia a pompé toute son énergie. Malgré cela, il a mené campagne et gagné l'élection. Avec lui, le facteur humain est à prendre en compte dans les affaires du pays.

Dès le début de son histoire, le couple est entré de plain-pied dans les sables mouvants du people. « *Dans les diatribes anti-Sarkozy, il y a une critique bourgeoise. Aux yeux de certains, il désacralise la fonction. Ceux qui disent cela rêvent d'un président momie, style Daladier, de Gaulle, Mitterrand. Droite et gauche réunies. Concernant Carla Bruni, il y a une forte mobilisation de l'électorat de droite traditionnel* » analyse un expert en communication politique.

Il y a donc urgence à exfiltrer le soldat Sarkozy du champ de la *jet-set*, un bourbier pour l'homme politique. Nicolas Sarkozy et Carla Bruni mettront de longues semaines avant d'atteindre cet objectif. La gifle des municipales aide les conseillers du Château à faire entendre raison au président pour qu'il remette un peu d'ordre à la fois dans la trop grande exposition de sa vie privée et ses extravagantes sorties politico-médiatiques. Jusqu'à son voyage officiel au Royaume-Uni, fin mars, le chemin censé lui assurer une nouvelle respectabilité est tortueux, Nicolas Sarkozy refusant de reconnaître ses écarts. Contre toute attente, une femme contribue à l'apaiser et à lui redonner, aux yeux de l'opinion, le statut de président qu'il a peu à peu perdu : Carla Bruni.

Celle-ci découvre la politique dans ce qu'elle a de plus violent. Mais elle retient surtout de cette période une chose, essentielle désormais à ses yeux : l'engagement vaut tous les discours.

« C'est plus facile de parler que d'agir. Il n'y a pas de grande différence entre les gens de droite et les gens de gauche en France, je trouve. Mais il y a une différence entre ceux qui agissent et les autres qui se contentent de parler. Tout est une question de positionnement.

– Vous vous intéressiez à la politique avant de connaître Nicolas Sarkozy ?

– La chose politique m'a toujours intéressée, mais de façon dilettante. J'ai compris désormais que la politique, si l'on veut bien l'exercer, n'est pas un art de dilettante. »[1]

Mais au juste qui est celle qui s'affiche au bras du président français et que la presse et les Français, pas toujours très élégamment d'ailleurs, présentent comme une amazone ? Beaucoup de rumeurs et d'informations circulent sur elle. En a-t-elle conscience ?

« Les rumeurs, vous savez, c'est souvent des délires. Keith Richard m'a raconté un jour qu'il a répondu "rouge" à la question d'une journaliste qui l'interviewait sur la couleur de ses yeux. Ça lui passait par la tête. Eh bien, toute la presse a colporté cette info ! Il n'a rien pu démentir… »[2]

---

[1] Conversation avec les auteurs.
[2] *Idem.*

« Avec Carla, c'est du sérieux... »

Arrivée comme par effraction dans la vie sentimentale de Nicolas Sarkozy, jugée avec passion et souvent emportement par certains observations, la future première dame de France réserve à ses détracteurs une mue spectaculaire, entraînant dans cette métamorphose le trépidant Nicolas Sarkozy. Il reconnaîtra d'ailleurs ses erreurs de début de mandat au cours de sa prestation télévisée du jeudi 24 avril 2008.

Le diable
s'habille en Carla

Une famille en or

Ici, à Castagneto Po, commune de la province de Turin, dans le Piémont, riche région du nord-ouest de l'Italie, tout est calme et volupté. À l'extérieur du village, près de l'église d'époque romane, en position panoramique sur les collines les plus au nord du Monferrat, jaillit la source d'eau S. Genesio que les spécialistes classent en salso-bromo-iodio-sulfureuse. Tout près du village, s'étend la réserve naturelle du Bosco di Vaj. Voilà pour la carte postale. Il y a fort à parier que Castagneto Po, petit village d'à peine deux mille âmes, connaîtra le même destin, toute proportion gardée, aux yeux d'un très grand nombre, commerçants et badauds réunis, que le Jarnac du président Mitterrand, un lieu chargé d'histoire et riche en potentialités... touristiques, maintenant que mademoiselle Bruni Tedeschi, l'enfant du pays, a dit « oui » à Nicolas Sarkozy.

Carla Bruni Tedeschi y passe sa petite enfance, élevée dans l'amour de l'art et de la musique, mais aussi dans la stricte observance des bonnes manières et du respect des autres. Des qualités que ne manqueront pas de lui reconnaître tous ceux qu'elle croisera dans ses nouvelles fonctions de première dame de France. Comme les Anglais, en mars 2008, subjugués pendant toute la visite officielle du couple présidentiel par l'allure et le style de la première dame de France.

Sur les hauteurs de Turin, la superbe villa en briques roses de quatre étages de pierre, incrustés de tourelles avec leurs bustes à l'antique, domine de ses immenses terrasses la plaine du Pô. Achetée par sa famille en 1952, cette imposante bâtisse édifiée au XVIIIe siècle par les comtes Trabucco fut jadis offerte par le roi Victor-Emmanuel 1er de Savoie à son ministre des Finances. Certains murs datent du XIe siècle. Restauré et intégralement remeublé en style d'époque, ce manoir offre un écrin à la famille Bruni Tedeschi. Avec ses magnifiques salons lambrissés, c'est une des plus belles demeures d'Europe. *« J'aime beaucoup ma région, la nature là-bas, sa mélancolie, ses collines, cette plaine étrange, les brouillards et les brumes, les couchers de soleil sur les montagnes environnantes. Turin est une ville qui a le plaisir d'être triste. En Italie, chaque pierre respire l'histoire. Même les choses un peu moches finissent par avoir un côté accueillant »* dira Carla plus tard en évoquant son Italie natale.

Cigare aux lèvres et verre de whisky à la main, Alberto son père reçoit sa cour à l'ombre d'un immense châtaignier. Trois arbres de cette espèce ont été plantés à la naissance de chacun des enfants : Virginio, Valeria et Carla. Le chef d'orchestre Karajan et le pianiste Rubinstein sont souvent ses hôtes. Grand collectionneur, le père de Carla embellit l'intérieur familial avec goût et raffinement au gré de ses voyages professionnels en Europe. Tout, chez Alberto Bruni Tedeschi est rigoureusement antérieur à la fin du XVIIIe siècle. Ses goûts s'arrêtent à cette période : Lorenzo Lotto, Francesco Guardi, Defendente Ferrari, Canaletto et de nombreux Flamands, et les meubles classiques, chinés pendant cinquante ans chez les antiquaires. Immensément riche, il est l'héritier de la Ceat – Cavi Electrici Affini Torino –, fondée en 1888 par son père Virginio, lui aussi mélomane, condisciple d'Edgar Varèse au Conservatoire de Turin et spécialiste de Wagner.

La grande aventure de la Ceat a commencé dans les années trente. Le redressement de l'après-guerre, puis le miracle économique des années soixante, hissent la marque au rang des leaders nationaux. Durant cette décennie, elle emploiera jusqu'à trente mille salariés dans cinquante-trois usines dispersées dans le monde et fera concurrence à Michelin et Pirelli.

Deuxième entreprise d'Italie après Pirelli, spécialisée dans les pneumatiques et les câbles électriques pour l'industrie automobile, la Ceat est, dans les années soixante, un géant fort d'une quarantaine d'usines, de l'Inde à l'Amérique Latine. Le grand-père règne en autocrate sur sa famille et ses salariés. *« Un bourreau de travail qui voyait grand, détestait les mondanités et passait à l'usine vingt heures par jour, y compris en août dans une ville quasiment déserte »* se souvient un ancien de la Ceat[1] .

---

[1] *Libération*, 4 février 2008.

Alberto y est de plus en plus associé. Mais c'est l'*ingeniere* qui tient les rênes jusqu'à sa mort, à plus de quatre-vingt-dix ans.

Travailleur obstiné, le grand-père Virginio réussit à faire oublier ses origines juives dans une Europe livrée au nazisme et au fascisme. *« Tedeschi est un nom juif d'Italie du Nord. Ils sont nombreux en Italie à porter ce nom »* nous explique Carla Bruni-Sarkozy. Le nom de famille est généralement orthographié avec un tiret en français, mais s'écrit Bruni Tedeschi, sans tiret, en italien. Originaire d'une famille juive de Vercelli, petite ville au milieu des rizières, son grand-père paternel est un entrepreneur visionnaire. Il aime l'argent, la musique et les femmes. Il trompera ses trois épouses jusqu'à pousser Federica, la dernière, à une dépression alcoolique.

Après des études au lycée polytechnique, son père l'envoie en Angleterre, puis en Allemagne. L'Allemagne nazie qui voit le jour est un choc pour le fils de bonne famille. La peur des persécutions l'obsède jusqu'à la fin de sa vie, en 1974. De retour à Turin, il prend ses distances d'avec ses coreligionnaires, déserte la synagogue et se convertit, ce qui lui vaut d'être banni par la communauté juive de Turin. *« J'ai mis très longtemps à l'accepter, comme si j'avais hérité de sa faute. Même si ma famille n'a pas été déportée, je me sens très proche du désarroi de cette communauté »* dira plus tard Valeria[1]. Aucun ouvrier juif ne sera jamais engagé dans les usines de la Ceat. Qu'importe, pour Virginio, les sentiments de rejet qu'il inspire, son mariage avec Orsola Bruni, sa première épouse, lui permet de faire précéder Tedeschi, de consonance juive, par Bruni, patronyme nettement

---

[1] *L'Express*, 8 novembre 2007.

plus catholique. Alberto, fils de Virginio et père de Carla, n'apprendra ses origines qu'en s'entendant accuser dans la cour de récréation d'avoir un père juif. Mais jamais dans sa vie il ne se soucia de ses ascendants ni de ses coreligionnaires juifs. Carla, elle, élevée dans la religion catholique, fera circoncire… et baptiser son fils unique Aurélien, à la fois pour se souvenir des lointaines origines juives de sa famille et celles, très présentes, du père de son enfant. « *Avec Raphaël, mon ex-compagnon, nous avons voulu qu'il découvre ces deux mondes. Le nom qu'il porte vient de la ville d'Eindhoven, aux Pays-Bas, où vivait une grande communauté juive* » nous confie Carla Bruni.

Alberto, le père de Carla, a vu le jour en 1915, à Moncalieri. Orphelin de sa mère très jeune, élevé par des nurses puis envoyé en pension, il est un enfant solitaire dominé par une passion : la musique. Il écrit ses premières compositions à douze ans, des imitations de Berg ou de Webern. Il composera jusqu'à la mort. Après son service militaire dans la cavalerie, il suit un cursus de droit tout en étudiant la composition musicale avec le compositeur italien Giorgio Federico Ghedini. Devenu ingénieur, toute sa vie il se lèvera à l'aube pour consacrer trois heures à la musique avant d'endosser le costume du capitaine d'industrie, refusant de n'être qu'« *un compositeur du dimanche* ».

Gian Piero Bona, romancier, traducteur de Rimbaud et auteur des livrets des opéras d'Alberto Bruni Tedeschi, évoque dans la biographie parue en Italie, *L'industriel dodécaphonique,* qu'il a consacrée à son ami compositeur, le souvenir d'un homme très courtisé à Turin. Or Alberto ne démontre pas les mêmes inclinations sexuelles que son père, Virginio. Aucune de ses œuvres musicales ne sera inspirée par la passion amoureuse. « *Ce n'était pas un séducteur, mais il était comme un pacha qui avait besoin de régner sur un harem,* explique-t-il. *Il savait qu'il pouvait avoir toutes les femmes, mais après le premier rapport il s'en désintéressait. Au fond, il n'a jamais aimé que lui-même. La beauté ne lui suffisait pas, il fallait qu'une femme incarne autre chose : la musique. »*[1] Cette femme idéale, à la fois épouse et muse, seule capable de séduire un misanthrope, il la découvre à quarante-trois ans sous les traits de Marisa Borini, une jeune pianiste et concertiste, diplômée du conservatoire Giuseppe Verdi. Alberto, de quinze ans son aîné, l'entend dans un concert, à Turin en 1958. Native d'Italie et issue d'une famille franco-italienne, Marisa Borini épousera Alberto contre l'avis de son père, magistrat, qui espérait un nom à particule. Ils ne se marieront qu'après la naissance de leur premier enfant et sous la contrainte du père d'Alberto…

Fou de Wagner, Alberto s'échappe, la nuit, dans les méandres de la musique dodécaphonique qu'il compose au point d'en devenir l'un des maîtres. En 1959, Alberto Bruni Tedeschi est nommé surintendant du Théâtre Regio de Turin, le deuxième du nord de l'Italie, poste qu'il occupera jusqu'en 1971. Il y fait venir Schonberg, Stravinski, compose un opéra, *Villon*, dont le librettiste est Tullio Pinelli, l'un des scénaristes de la *Dolce Vita* de Fellini. Ses œuvres sont aussi données au San Carlo de Naples. Les murs de la maison familiale résonnent de musique au quotidien. Le rituel est toujours le même. Il est vrai que dès six heures du matin, week-ends compris, les parents se consacrent à la musique. Enfant, Carla a pris part à des chants collectifs à la maison de ses parents avec des amis de la famille,

---

[1] *Libération*, 4 février 2008.

tels Maria Callas et Herbert von Karajan. Le père joue en bas, la mère, pianiste et concertiste, fait ses gammes à l'étage. La musique est un membre de la famille à part entière. « *Nous vivions avec et dedans* » se souvient Carla. Les Bruni Tedeschi mènent dans leur palais une existence dorée, servis par un personnel en livrée, habitués à la compagnie de Noureev ou Visconti. Un chiffre suffit pour illustrer cette magnificence : en mars 2007, chez Sotheby's Londres, la vente des meubles et objets d'art atteint dix-huit millions sept cent mille euros. Parmi les lots, quatre tapisseries des Gobelins issues de la collection privée de Louis XIV, atteignent un million deux cent mille euros et un chandelier de bronze et cristal commandé par Napoléon 1er pour le palais du Quirinal à Rome a été vendu 984 561 euros. C'est donc dans une famille riche et puissante, mélomane et aux manières bourgeoises, que Carla voit le jour, le 23 décembre 1967, à Turin, comme son frère, Virginio, né en 1960 et sa sœur, Valeria, née le 16 novembre 1964. Virginio, l'aîné, est diplômé en arts graphiques. Il est beau, artiste, aventurier, marin. Sa seule passion : prendre le large en solitaire sur son voilier de six mètres. Or une longue maladie va frapper le fils aîné qui restera reclus dans la maison du cap Nègre. Marin aguerri, baroudeur, il meurt à quarante-six ans, le 4 juillet 2006. Sa mère a créé une fondation en février 2007 à Turin pour honorer sa mémoire. Elle porte son nom et est en partie financée par la vente de miniatures des XVIIe et XVIIIe, collectionnées par son mari.

Comme ses aînés, Carla apprend la musique et les bonnes manières. Les enfants sont souvent livrés à eux-mêmes ou plutôt à la surveillance de domestiques. Les parents ont des journées bien remplies. « *Mon enfance a été belle, solitaire aussi. L'Italie*

*était différente. J'étais pleine de pressentiments et j'adorais ça :
je nourrissais de grands espoirs, je m'inventais un destin »* se
remémore Carla[1].

Les enfants, sous la surveillance de la nounou, Maria Anna
Parolin, aujourd'hui âgée de plus de quatre-vingts ans, ne dînent
jamais avec les parents. *« Je n'avais pas une belle-mère, j'avais
une mère belle, une mère avec qui on mangeait souvent froid, alors
on s'occupait de la chaleur entre nous, les enfants »* dira plus tard
Carla.

Petite, Carla est élue chef de classe à huit reprises. Il faut dire
que son programme a de quoi séduire l'ensemble de ses
camarades : autorisation de fumer sous le préau et de boire de la
bière à la cantine. Elle qui aujourd'hui encore reconnaît avoir un
trac fou lorsqu'elle joue devant un public, se souvient sûrement
de sa première scène, il y a un peu plus de trente ans. Pendant un
spectacle d'école, la petite Carla se déguise en garçon, les
cheveux plaqués sous une casquette. À la fin, elle entend un
parent d'élève dire du mal de sa prestation.

Carla comprend auprès de ses aînés que la richesse ne suffit
pas. Il faut aussi de la culture. Elle apprend le piano en Italie et la
guitare, au gré de ses pérégrinations de mannequin, indifférente à
la technique. Sa mère lui a toujours confié qu'elle pouvait aimer
un homme qui n'était pas beau ou physiquement fort, mais
qu'elle ne pouvait pas aimer un homme qui n'aimait pas la
musique. Carla retiendra la leçon pour certaines de ses conquêtes.
Jusqu'au président de la République française, Nicolas Sarkozy,
grand amateur de variétés.

---

[1] *Le Figaro Madame,* 15 février 2007.

Distraite, joueuse, timide, elle s'invente un univers avec son frère Virginio et sa sœur Valeria. Dont le jeu favori, dans leur chambre d'enfant, est de mettre Carla au milieu de ses poupées et les interroger toutes, sauf elle. « *Valeria m'a brimée jusqu'au jour où je l'ai dépassée en taille. Moi, j'ai su mes tables de multiplication à deux ans et demi, avant de parler* » s'enorgueillit-elle. Dans un entretien croisé avec sa sœur publié par *Les Inrockuptibles*, Carla évoque ainsi sa jeunesse : « *C'était une époque et un milieu où l'on n'élevait pas vraiment ses enfants. Moi, j'ai été élevée par Valeria. La seule douleur que j'ai de mon enfance, c'est ça ; et le seul bonheur que j'ai de mon enfance, c'est elle.* »

Sa sœur, Valeria, devait s'appeler Federica, comme dans son film, *Il est plus facile pour un chameau…*, sorti en 2003, récit quasi autobiographique. Tirées de l'Évangile, ces paroles ont pour teneur exacte : *Il est plus facile pour un chameau de passer par le chas d'une aiguille que pour un riche d'entrer au royaume des cieux.* Leur grand-père s'est marié et a perdu sa femme, puis s'est remarié avec une aristocrate piémontaise, la nonna Federica. Celle-ci va voir leur mère et lui dit : « *Tu as eu une fille et tu l'as appelée Valeria et pas Federica, je suis vexée. C'est dommage parce que j'ai une fortune personnelle et si tu l'avais appelée comme moi, j'en aurais fait mon héritière directe.* » Et Marisa, leur mère de répondre : « *Bon, ben on va lui changer son nom parce que ça lui fera un petit magot vers l'âge de vingt ans.* »

Carla a une autre blessure. Inconsciente, celle-là ? Virginio et Valeria ont reçu des prénoms venus de la généalogie paternelle, alors que Carla est la féminisation de Carlo, le prénom du père de Marisa. L'enfant a déjà quatre ans lorsque Virginio, son autoritaire grand-père, exige qu'elle soit rebaptisée Federica, comme sa propre épouse. Il n'a pas réussi à imposer ce prénom à la naissance de Valeria, peut-être qu'avec Carla la benjamine, il obtiendra gain de cause. Alberto, son fils, refuse. Et Carla reste Carla, plus Borini que Bruni Tedeschi.

L'œuvre de compositeur d'Alberto s'achève sur le ballet *Journal intime*, composé entre 1992 et 1994 : il y éprouve le besoin de décrire la maladie et la fin de la vie d'un homme. Alberto Bruni Tedeschi tombe malade et meurt à Paris le 17 février 1996. La mort de son père provoque chez Carla une remise en question. « *J'ai alors rempli ma vie avec la psychanalyse et la musique* » confie-t-elle. Elle a alors vingt-huit ans. Toute sa vie, elle aura cherché à attirer l'attention de son père. C'est pour lui qu'elle a voulu réussir. « *Avant de mourir il m'a vue au top* » dit-elle, satisfaite. « *Jamais je n'aurais pensé que ça fasse si mal. Jamais. Je ne serai plus jamais la même. Je réalise que si on n'a pas connu cela, on n'est pas complet.* » Elle se jette dans les défilés et conserve aujourd'hui encore des photos de son père dans son agenda. Et le souvenir d'un conseil qu'il lui prodiguait lorsqu'elle était enfant : « *Surtout, ne te compare à rien ni personne. C'est un péché d'orgueil ou de modestie. Dans les deux cas, ça empêche d'agir.* »

L'italien est sa langue maternelle et elle écrit naturellement en français depuis l'âge de sept ans. Sa mère est à moitié française, le français étant la langue maternelle de sa grand-mère, originaire de Saint-Étienne, qui l'a aussi élevée. Son Piémont natal – royaume de Savoie – est une région à demi-française. Elle rêve en italien et un peu en français. Quand elle habitait aux États-Unis, elle rêvait en anglais... Le français est aussi la langue de ses passions littéraires.

« *Cette famille était un clan lié par l'amour des arts, menant grand train, recevant volontiers musiciens et créateurs mais snobant une certaine bonne société piémontaise bourgeoise qui ne le lui a jamais pardonné* » raconte le biographe Gian Piero Bona[1]. Et c'est sans doute pour cela que leur exil en France ne fait pas grand bruit. Le choc pétrolier menace, l'usine voit ses contrats stagner et les offres de rachat sont alléchantes. Carla n'a que cinq ans et quelques mois en 1973 lorsque la famille doit quitter la demeure paradisiaque de Castagneto Po sous la menace d'attentats ou d'enlèvements que font planer sur l'Italie d'alors les Brigades rouges.

Paris leur ouvre ses bras

« *On doit partir à Paris parce qu'on est riches, et il y a des gens qui veulent nous enlever* » explique la mère à ses enfants dans le premier long métrage de Valeria, *Il est plus facile pour un chameau...* Les Bruni Tedeschi hésitent entre les États-Unis et la Suisse. Ce sera la France. Dans le quotidien *L'Aurore* du 21 mars 1978, Alberto Bruni Tedeschi raconte : « *Un de mes proches a été enlevé et retrouvé vingt-quatre heures avant qu'on ne paie la rançon d'un milliard et demi de lires...* » On ne saura jamais qui est ce proche. Ces terroristes sont alors le principal groupe armé des « années de plomb » qui ensanglantent l'Italie avec en particulier l'assassinat du leader politique Aldo Moro en 1978. Fondées en 1973 par un intellectuel, le sociologue Renato Curcio, les Brigades rouges sont nées de la radicalisation de groupes d'extrême gauche après mai 1968, un hiver 1969 agité et une série

---

[1] *Libération*, 4 février 2008.

d'attentats sanglants impliquant services secrets et réseaux fascistes, comme celui de la Place Fontana à Milan qui fait seize morts. Au nom de leur idéologie marxiste-léniniste, les Brigades rouges s'enfoncent peu à peu dans la clandestinité et le terrorisme. Leur première action violente est la prise en otage du directeur du personnel des usines automobiles Fiat en 1973. Puis il y a le rapt de Paul Getty III, petit-fils de l'homme le plus riche du monde, en juillet 1973. Ses ravisseurs expédient à un journal italien une de ses oreilles. La demande de rançon est exorbitante à l'époque : deux milliards de lires. L'adolescent est âgé d'à peine seize ans. La famille Bruni Tedeschi est inquiète. *« Carla ne s'est pas rendue compte du danger, contrairement à moi qui me demandais ce que nous avions fait pour mériter un tel traitement »* se souvient Valeria. Les enfants et les adultes sont en permanence escortés par des gardes du corps, se protégeant ainsi d'un rapt crapuleux ou politique. Pour fuir cette menace, la famille s'installe à Paris, dans le XVIe arrondissement, et passe ses étés dans la propriété du cap Nègre, près du Lavandou. Elle fréquente alors le couple présidentiel Giscard d'Estaing en vacances à Brégançon ou les Grimaldi, proches voisins du Rocher monégasque.

À soixante ans, Alberto peut se consacrer à son art dans ce Paris que Marisa et lui ont toujours adoré. Ils possèdent un hôtel particulier quai Voltaire, une maison à Saint-Paul-de-Vence et cette sublime villa au cap Nègre que Carla fera visiter à son époux en avril 2008. Devant cette résidence d'été, un fort marin construit sur un promontoire rocheux au cœur d'une pinède et face à l'île du Levant, est amarré le Diadem of Patty, un yacht d'une quarantaine de mètres. Ils fréquentent la *jet-set* de la Côte d'Azur. *« Marisa espérait que ses enfants deviendraient amis des petits Grimaldi »* raconte dans le quotidien *La Stampa* Mariana Parolin, l'ex-nurse de Carla. La mère, qui n'a jamais réussi à devenir une grande soliste, a toujours nourri de hautes ambitions pour sa progéniture. Giusi Parolin, nièce de l'ex-nounou de Carla, a partagé des moments avec la famille. Elle raconte : « *J'ai passé des vacances dans leur maison du cap Nègre, sur la Côte d'Azur, en 1977, 1978 et 1979. La première année, j'avais seize ans et Carla dix. Je me souviens d'une petite fille solare, comme on dit en Italie, toujours souriante et gaie. Elle n'avait pas les sautes d'humeur propres aux enfants de son âge – parfois, on avait même l'impression qu'elle cherchait à correspondre à ce que ses parents attendaient d'elle, une petite fille parfaite.* »[1]

En France aussi, les parents sont absents. Virginio, Valeria et Carla grandissent loin du monde des adultes. Les enfants ne les voient que lorsqu'une réception est donnée, dans les vanneries du château de Rambouillet ou dans l'élégant appartement de la rue Maspero. Pierre Cardin et Jacques Chirac, alors maire de Paris, sont des habitués des lieux. La légende veut que l'ex-président s'y soit rendu un soir, accompagné de l'un de ses jeunes partisans, un certain… Nicolas Sarkozy. « *En arrivant ici, nous avons trouvé les Parisiens très fermés. Mes parents n'ont pas eu autant d'amis qu'ils en avaient en Italie.* » Ce qui n'empêche pas Carla de vivre comme une princesse, entre l'équitation, le piano, le ski nautique. « *Elle était à la fois très féminine, pouvait passer l'après-midi à changer de vêtements et de coiffure, mais aussi un peu garçon manqué, sportive et casse-cou* » se souvient sa nounou[2].

---

[1] *L'Express*, février 2008.
[2] *Idem.*

Alberto compose et court les antiquaires, Marisa est souvent en tournée. Et les enfants grandissent. Pas comme l'aurait souhaité leur père. « *Vous avez fait tout ce que vous vouliez puisque vous n'avez jamais fait ce que je voulais* » se plaint-il affectueusement.

Carla, libérée de toute surveillance parentale, est une adolescente turbulente avec, reconnaît-elle, un « *goût de l'expérimental.* » « *J'avais une grande curiosité pour les garçons, pour la musique, pour l'art et pour les expériences en général, des voyages aux drogues diverses. Je suis étonnée par les gosses d'aujourd'hui, studieux, sérieux, peureux. J'ai beaucoup d'amis de cinquante ans : leurs enfants ont vingt-cinq ans et partent en vacances avec eux. Moi, à dix-huit ans, il aurait fallu m'écharper pour que je suive mes parents : je voulais bâtir mon monde.* »[1] Un monde fait de livres, de tissus soyeux, de musique, d'hommes. Et plus tard, mais elle l'ignore alors, de politique.

Sur cet exil en France, elle pose un regard lucide, elle la fille d'immigrés, alors protégée et insouciante. « *En venant en France, je n'ai pas eu l'impression d'une rupture, d'un déracinement. Il faut dire que nous étions dans des sphères sociales privilégiées. Contrairement à d'autres immigrés, je n'ai pas eu à subir les conséquences de ce changement. Cela n'a pas rabaissé mon père. Cela ne lui a pas enlevé son métier ni son autorité. Cela ne nous a pas non plus privés de notre culture. Ma famille, tout en restant attachée à ses origines, a toujours fait preuve de curiosité à l'égard de la culture française, qui est d'ailleurs assez semblable à la culture italienne.* » Italienne fière de son identité, sans pour autant être patriote, elle est le

---

[1] *Le Figaro Madame*, 15 février 2007.

porte-drapeau, aux Jeux Olympiques de Turin, en 2006, de la délégation de son pays pour la cérémonie d'ouverture. Son parcours personnel l'a poussé au décloisonnement. Elle se définit comme une nomade. « *Je n'accorde aucune importance aux questions de nationalité ou de langue. Je pourrais facilement vivre en Angleterre ou en Amérique. J'ai grandi dans cette ambiance, cet esprit d'ouverture.* »

Après un passage par une école en Suisse, les deux sœurs sont inscrites à Paris au lycée Leonardo-da-Vinci, dans le VIIe arrondissement, puis à Janson de Sailly. « *J'aime l'école, je déteste les études* » reconnaîtra Carla. Sa sœur Valeria est, elle, beaucoup plus douée. Dans ce Paris mondain, Carla n'oublie pas l'Italie de sa tendre enfance. Ni l'italien, sa langue maternelle. Cette langue liée à ses premiers sentiments, ses premières expressions. Elle noue avec elle une relation d'intimité, en particulier dans l'écriture. Quand son premier disque sort en Italie, ce fut pour elle un étonnement, un plaisir et une fierté. Elle parle italien à son fils Aurélien et à sa famille. Quand elle ne veut pas être comprise par son mari, Carla chuchote en italien à l'oreille de sa mère…

De la Carte orange au tapis rouge

À dix-huit ans, Carla passe son baccalauréat dans la série A1, une série qui à l'époque demande aux élèves d'être moyens dans toutes les matières, des mathématiques à la philosophie, sans forcément exceller dans un domaine. La série A1 reflète bien son caractère, elle qui n'a alors pas de vocation chevillée au corps. « *Quelques jours avant mon bac, nous sommes en 84, je file avec un copain, le soir, place de la Concorde pour le premier concert géant de SOS Racisme. De nombreux artistes se produisaient et il y avait une foule immense. Mon ami m'a hissée sur ses épaules et j'ai pu tout admirer. Le lendemain, je faisais la une de plusieurs journaux. Cette photo avait visiblement plu. Ma mère, déjà très superstitieuse, m'a dit : "Je suis sûre, tu auras le bac." »*[1] La prédiction s'est réalisée... Sa sœur aînée Valeria a intégré brillamment hypokhâgne à Molière et la khâgne du lycée Fénelon, à Paris. Carla, de son côté, s'inscrit sans grande conviction à l'Université de Tolbiac, section Arts et Architecture. Si Valeria se rêve en comédienne quand Virginio, leur frère aîné, bouillonne de projets, la cadette ne nourrit qu'une seule ambition : bien gagner sa vie et vite. Elle n'a guère besoin d'argent mais sait qu'elle doit en passer par là pour parfaire son indépendance. Durant toute sa vie amoureuse, elle appliquera ce principe de vie : ne rien devoir à l'être aimé. Première dame, elle mettra pourtant entre parenthèses sa carrière de chanteuse après la sortie de son troisième album sans pour autant cesser, dit-elle, d'écrire des textes pour d'autres.

Douée mais dilettante, les études l'ennuient et l'Université de Tolbiac se trouve loin de chez elle. « *Vingt et un arrêts de métro* » soupire-t-elle[2]. Beaucoup trop pour l'insouciante Carla. Elle reconnaîtra plus tard non sans regrets : « *Je ne faisais rien de mes journées, je devenais à moitié folle parce que ce n'est pas un âge où il est très bon de glander.* »[3] Ce qu'elle préfère, c'est danser toutes les nuits dans des clubs branchés avec ses copines, une bande de belles plantes dont les prénoms se

---

[1] Conversation avec les auteurs.
[2] *Carla Bruni. Entre défilés et chansons* JLR Productions/Le Fur Productions, 1995.
[3] *Idem.*

terminent par la lettre a : Rapha, Sophia, Maria et Johanna. De toutes, c'est cette dernière, Johanna Fath, devenu styliste, qui restera la plus proche de Carla. Elle sera même son quatrième témoin à son mariage avec le chef de l'État. Ces cinq mousquetaires en jupons se déhanchent au rythme des nuits parisiennes, insouciantes et légères. La discothèque La piscine, devenue aujourd'hui le Pau Brazil, dans le VIIIᵉ arrondissement de la capitale, les abrite presque tous les soirs. L'heure est aux fous rires, aux conquêtes. Adolescente, Carla faisait rêver les garçons du lycée. Elle exerce la même fascination sur ceux qu'elle croise désormais dans ces lieux branchés. Oiseau de nuit, elle s'enivre du bonheur d'être jeune et belle, riche et bientôt célèbre. Car de ses charmes, elle va bientôt faire une profession. En tout bien tout honneur.

Une amie de son frère Virginio lui souffle l'idée qui transformera sa vie, tenter sa chance du côté du mannequinat. « *C'est venu vers seize-dix-sept ans*, confie une de ses amies de l'époque. *Elle disait déjà : "J'aimerais bien faire des photos, j'aimerais bien être dans des magazines". Elle s'identifiait à des filles dans des clips, des choses comme ça. Et puis, elle aime tellement la musique que quand elle voyait des mannequins dans des clips de rock stars, elle avait envie de les imiter.* » L'éclatante beauté de Carla fait immédiatement forte impression. Alors que tant d'autres jeunes filles se paient des books et s'acharnent à se présenter à d'innombrables castings, Carla, elle, pousse tout simplement la porte de la première agence qu'elle trouve sur son chemin, City Model. Nous sommes en 1986. Elle est timide mais possède comme atouts non négligeables de longues jambes et des yeux de chat. Engagée sur le champ, elle n'a pourtant sur elle que sa Carte orange et la Photomaton qui y est collée devient le sésame pour le monde fermé et glamour des agences de mannequin. Elle a alors dix-huit ans, une désinvolture excessive et la volonté de mordre la vie à pleine dents. « *Je voulais gagner ma vie, c'est aussi simple que ça.* »[1] Que l'agence l'embauche immédiatement lui donne confiance. Au début, elle tait à sa famille ses premiers pas dans le mannequinat. Ni sa mère ni sa sœur ne s'intéressent particulièrement à la mode et aux apparences. Dans la famille Bruni Tedeschi, on goûte davantage aux choses de l'esprit. Très vite, sa silhouette filiforme, ses yeux bleus, ses pommettes hautes et ses bonnes manières lui entrouvrent les portes de ce petit monde très fermé. Avant de faire la une de *Vogue* ou *Elle*, elle prend la pose sans distinction pour des magazines au tirage confidentiel ou des catalogues de vente par correspondance, apprenant son métier sur le tas. Elle signe son premier contrat important avec la marque de bas Dim up. Lorsque la haute couture décide de faire d'elle un *top model*, cinq ans après ses débuts, elle est déjà un mannequin confirmé. « *Le succès ne m'est pas tombé dessus comme ça mais quand j'avais les épaules pour le soutenir* » reconnaît-elle[2]. Les contrats se multiplient, la famille de Carla lui laisse vivre sa vie, mais surveille tout de même du coin de l'œil la carrière de la petite dernière. Sa grande sœur Valeria est inquiète pour la toute jeune femme. « *C'était un bébé au début* » se souvient-elle. Pour Carla, ce métier représente aussi un challenge. Celui d'être aimée. « *J'ai choisi mon métier pour cela, c'était la manière la plus rapide*

---

[1] *Le Parisien*, 15 novembre 2002.
[2] *Carla Bruni. Entre défilés et chansons, op. cit.*

et la plus facile pour être regardée et aimée... Oui on peut dire aimer, en tout cas ça ressemble à de l'amour. »[1] Carla veut être admirée, désirée. Prouver à sa famille qu'elle peut devenir quelqu'un et surtout conquérir son père, cet homme qu'elle aime plus que tout et qu'en grandissant elle « *a renoncé à épouser* ». « *J'ai fait tout par rapport à lui* » confie-t-elle[2].

Belle plante dotée d'un cerveau, Carla a en outre une chance insolente. Sa carrière démarre au moment où les mannequins accèdent au rang de stars, où les *top models* sont à leur zénith. L'ère où les créateurs, Jean-Paul Gaultier, Thierry Mugler, Claude Montana ou encore Azzedine Alaïa deviennent des vedettes. Une poignée de belles filles dont elle fait désormais partie voyagent en première, prennent le Concorde comme d'autres le bus, vivent dans des palaces et sont nourris au caviar arrosé de champagne. Carla Bruni Tedeschi laisse alors tomber son deuxième nom « [C'était] *plus commode pour les réservations d'avions* ». Passant de la petite Carla Bruni Tedeschi à la grande Carla Bruni, on ne l'appelle plus que par son prénom, signe de son incroyable notoriété comme les rares autres membres de ce club huppé des *top models* : Claudia, Naomi, Cindy, Karen... À force d'occuper le terrain du glamour, une place laissée vacante par les actrices, on en oublie presque qu'elles sont là pour nous faire acheter des vêtements. Carla Bruni, elle, n'est pas dupe et pose un regard distant sur ce monde superficiel. « *Mannequin, c'est une utilisation de l'image, une vente de l'image, ce n'est que ça. Je suis montée dans un wagon particulier, tout d'un coup les mannequins sont devenus super*

---

[1] *Carla Bruni. Entre défilés et chansons, op. cit.*
[2] *Paris Match*, 20 juillet 2006.

107

connus, j'étais dans une position de grande notoriété. On utilise l'image à droite, à gauche, en haut, en bas, en diagonale, et un jour, le milieu a besoin de nouveaux mannequins. Donc ça s'arrête avec l'âge. »[1]

Karl Lagerfeld l'affuble d'une perruque choucroute, Vivienne Westwood d'un cache-sexe en peau de chien, alors qu'elle se présente nue sous un manteau de fourrure, et Carla triomphe ! *« J'ai constaté que j'avais passé un cap supérieur par la presse, non pas la presse mode mais la presse quotidienne. C'est ça qui fait la véritable différence, l'intérêt du grand public a fait la différence entre le moment où j'étais mannequin et celui où je suis devenue* top model. *Ce qui fait la différence entre un mannequin et un* top model, *c'est le professionnalisme et la longévité. »*[2] Les créateurs la veulent tous, unanimes pour reconnaître qu'elle possède quelque chose de différent. Sonia Rykiel, qui surprend Carla *« dans un coin en train de bouquiner et de manger des sandwichs »*[3]. *« Les habilleuses la réclamaient parce qu'elle est très bien élevée, elle ne montrait aucun caprice, aucun mouvement d'agacement. Elle est très respectueuse des gens du métier »* affirme Jean-Jacques Picart, consultant mode et luxe[4]. Selon lui, toujours cette éducation qui fera, en 1995, l'admiration de son ex-associé Christian Lacroix : *« C'est peut-être le verbe chez elle qui me fascine beaucoup. Elle a ce côté bonne éducation qui a une jolie réponse, une jolie phrase très bien tournée spirituellement pour n'importe quelle question idiote. »*[5]

---

[1] *Les Inrockuptibles*, 27 novembre 2002.
[2] *Carla Bruni. Entre défilés et chansons, op. cit.*
[3] *L'Express*, 24/30 janvier 2008.
[4] *Carla Bruni. Entre défilés et chansons, op. cit.*
[5] *Idem.*

Les filles gagnent beaucoup d'argent. Carla n'est pas en reste. Lors de sa dernière année d'exercice, en 1997, ses revenus cumulés auraient dépassé les sept millions de dollars. « *Nous gagnons beaucoup d'argent, je ne sais pas si vous vous rendez compte, on est totalement remplaçable et des docteurs, de grands chirurgiens sont totalement irremplaçables, et c'est nous qui sommes payés plus* [...] *Mais nous sommes payés très très peu par rapport à ce que les grandes maisons de cosmétique et de prêt à porter gagnent sur notre dos !* »[1] Loin d'être une parvenue, elle entretient un rapport non totalement décomplexé vis-à-vis de l'argent. « *J'essaie de l'assumer parce que rien ne m'empêche de le remettre en circulation, de le donner à des gens qui en ont besoin. Ce qui me rend coupable, c'est l'importance de l'argent pour tellement de personnes qui en manquent.* » En 2000, Carla Bruni compte parmi les vingt mannequins les plus riches du monde, au même titre que Naomi Campbell, Cindy Crawford et Claudia Schiffer, selon le magazine *Capital*. « *Quand on gagne ce que je gagne, sans avoir d'autre mérite que d'être belle, et que l'on voit comment est le monde aujourd'hui, on n'a que deux choix : être malheureux ou cynique. J'ai choisi de ne pas être malheureuse* » confie-t-elle en 1994[2].

En 1998, elle met un terme à sa carrière. Pendant six mois, les lendemains qui déchantent vont être difficiles. Tombée de haut, loin des lumières et des flashs, elle se sent rejetée. « *J'avais beau être consciente, lucide, ça ne m'a pas servi à grand-chose. Et j'ai encore un petit peu besoin d'être vue, même si je ne retrouverai jamais le succès d'avant.* »[3] La mannequin s'est forgée une belle

---

[1] *Carla Bruni. Entre défilés et chansons, op. cit.*
[2] *L'Événement du Jeudi,* 14 juillet 1994.
[3] *Les Inrockuptibles*, 27 novembre 2002.

réputation. Celle d'une fille à la beauté magique et à la tête bien remplie. Elle prenait par exemple un malin plaisir à citer le poète René Char lors des interviews accordés à la presse *people* pas vraiment habituée à ce genre de discours. Un cintre qui pense ? Impensable ! Cultivée, bien élevée, stylée. « *J'attribue mon succès de* top model *au fait que j'ai trouvé mon créneau à moi. C'est-à-dire que comme je ne suis ni la plus belle, ni la plus grande, ni la plus blonde, ni la plus truc... bon j'ai quand même des jambes pas mal... mais bon je blague... je me suis dit il va falloir que je trouve quelque chose qui me permette d'être irremplaçable en quelque sorte, donc pour être irremplaçable j'ai essayé d'être spirituelle, de faire marrer les gens dans le travail.. L'important pour être* top model *c'est d'avoir quelque chose à soi.* »[1]

Et ce « quelque chose », Carla le cultive. D'abord elle se dessine une silhouette, assez androgyne, épaules carrées, petits seins, longues jambes fuselées. Une allure ultra-moderne. Elle reprend aussi le rôle de la « fille qui pense ». Inès de la Fressange avait ouvert la voie, avec son sens de la répartie et de la désinvolture. Carla Bruni, sa cadette, y ajoute le sens de la dérision. Inès et Carla ne se font pas beaucoup d'illusions sur le genre humain. Quand on dit d'elle que c'est une mannequin intello, Carla répond : « *Oh vous savez, dans ce milieu quand on arrive à l'heure aux rendez-vous, qu'on comprend les questions que l'on vous pose et que l'on y répond, même si c'est de façon superficielle, on a déjà l'air intelligente. Au royaume des aveugles je suis peut-être borgne...* »[2] Mais elle admet : « *J'essaie toujours de prouver que je pense.* »[3] Pour Carla, c'est toujours l'esprit

---

[1] *Carla Bruni. Entre défilés et chansons, op. cit.*
[2] *L'Événement* du jeudi, 14 juillet 1994.
[3] *Libération*, 12 juin 1998.

avant le corps, l'intellect avant l'instinct. Elle vénère les chercheurs et « *leurs intelligences canalisées, synthétiques, gaies, pas bloquées dans des névroses* »[1], encense les poètes, les écrivains, les musiciens. Pendant cette folle période, Carla lit mais compose également pour elle. Partout elle emporte une guitare ou en achète une, comme en 1995, à New York. La guitare folk lui servira à jouer le soir dans sa chambre des reprises des années soixante-soixante-dix, Jimi Hendrix, les Stones, les Beatles ou encore Jane Birkin. « *J'ai commencé à écrire des chansons à vingt-cinq ans. Avant, j'écrivais sans objectif, il ne me venait jamais à l'idée de réunir mes textes et mes musiques. De vingt-cinq à trente ans, j'ai ensuite dû écrire trois cents ou quatre cents chansons. Je n'en ai gardé qu'une,* Quelqu'un m'a dit, *qui était très différente... »*[2]

Lorsqu'elle déserte les podiums pour se consacrer à la chanson, sa première tentative est un coup de maître. Encensé par la critique, son premier album, sorti en 2002, *Quelqu'un m'a dit*, réalisé avec le musicien Louis Bertignac, se vend à environ deux millions d'exemplaires, dont huit cent mille à l'étranger. Personne alors ne résiste à la vague musicale estampillée Bruni. Sauf les sourds et les ermites. Et un homme aussi, Nicolas Sarkozy, qui préfère la pure variété. Elle a réussi depuis à l'intéresser à d'autres univers musicaux, lui qui veille bien consciencieusement en cette veille de sortie de son troisième album à la carrière de son épouse.

De gauche, tendance café de Flore

Sans être une militante politique, Carla Bruni n'en est pas moins engagée. Une année, le journal *Elle* la montre en couverture avec le

---

[1] *Carla Bruni. Entre défilés et chansons, op. cit.*
[2] *Idem.*

Petit livre rouge de Mao. Elle prend la défense de la forêt amazonienne, lutte contre le sida, pour la recherche médicale en faveur des enfants. Mais son coup d'éclat, elle le doit à une rencontre avec SOS Racisme. L'association antiraciste lance, en octobre 2007, avec l'hebdomadaire *Charlie Hebdo* et le quotidien *Libération,* une pétition contre les tests ADN pour les immigrés. Déjà plus de trois cent mille signatures ont été recueillies. Dominique Sopo, le président de SOS Racisme, et Patrick Klugmann, le vice-président, délèguent Steevy Gustave, responsable du pôle culturel, pour qu'il supervise avec Philippe Val, le directeur de *Charlie Hebdo,* l'organisation d'un concert-meeting au Zénith. Afin de mobiliser le plus grand nombre, des centaines de SMS sont envoyés du portable de Steevy aux marraines et aux parrains de l'association afin qu'ils soutiennent cet appel et rejoignent le zénith. Contactées, les deux sœurs Bruni Tedeschi répondent présentes. L'aînée signe la pétition, la cadette se produira sur scène. Carla est là pour des raisons à la fois politiques et très personnelles. On l'apprendra plus tard, son père, Alberto Bruni Tedeschi, n'est pas son père biologique.

C'est sa sœur Valeria qui lui a demandé de s'engager contre cet amendement du député Thierry Mariani, venant modifier le projet de loi sur l'immigration de Brice Hortefeux et que son auteur justifie par ce chiffre : *« Dans certains pays, 30 à 80 % des documents d'état-civil qui sont présentés sont faux »*, ce qui allonge les délais de réponse.

La sœur aînée est beaucoup plus militante que sa cadette. Valeria s'est affichée au côté de Ségolène Royal à Charléty le 1er mai 2007, à quelques jours du second tour de la présidentielle. Carla, elle, n'était pas présente contrairement à ce qu'ont rapporté certaines gazettes. Pendant que d'autres artistes applaudissent au discours sarkozyen, Valeria fait partie de ce groupe de fidèles à la candidate socialiste malgré l'échec programmé. Car Valeria ne porte pas, sur le plan des idées, Nicolas Sarkozy dans son cœur. Jusqu'à la cérémonie de mariage de sa sœur, elle refusera de le rencontrer. Elle a été conviée plusieurs fois à l'Élysée, mais en vain. Le soir de l'avant-première de son film *Actrices*, la salle bruit de la rumeur de la venue de Nicolas Sarkozy, nouveau compagnon de Carla Bruni. Mais il n'est pas venu. Et Valeria a poussé un ouf de soulagement. Quand un journaliste l'interroge sur le sujet, elle se mure dans un silence poli. *« C'est mes affaires, c'est la vie privée de ma sœur, ma vie privée. Je me sens le droit au silence. »* Depuis, les relations entre son beau-frère et elle se sont apaisées. Une amie très proche des sœurs Bruni Tedeschi nous le confirme : *« Ce qui est sûr, c'est qu'à aucun moment Valeria et Carla ne se sont fâchées, elles s'aiment trop. Simplement, Valeria a eu peur de tout ce ramdam fait autour de la liaison de sa sœur. Elle est la grande sœur, c'est normal, ça ne lui plaisait pas tout ce bruit, elle s'inquiétait pour Carla. Mais une fois qu'elle a rencontré Nicolas, tout s'est bien passé, elle était rassurée. Depuis, je les ai vus ensemble* [Valeria et Nicolas] *deux ou trois fois, ils se parlaient tranquillement, il n'y a pas de soucis, il n'y a aucun problème entre eux. »*

Carla, elle, a voté en 2006, pour la présidentielle italienne. C'était la première fois que les Italiens de l'étranger pouvaient le faire. Entre les deux tours de la présidentielle française, elle déclare au *Sunday Herald* : *« Royal je ne l'aime pas vraiment, mais je voterai toujours à gauche […] Mes parents ont eux aussi toujours voté à gauche. C'est une tradition. Je ne voterai jamais à droite.* » Nicolas Sarkozy a désormais la vie pour convaincre Carla de voter « utile ».

Ce dimanche 14 octobre 2007, des personnalités de gauche comme de droite, des intellectuels et des artistes, tout ce que Paris compte d'opposants au texte autorisant le recours à des tests ADN pour la vérification de filiation des candidats à l'immigration familiale se donnent donc rendez-vous au Zénith de Paris. Dans les tribunes et sur scène, on croise le premier secrétaire du PS François Hollande, l'ancien Premier ministre, Laurent Fabius, le maire de Paris, Bertrand Delanoë, la secrétaire nationale des Verts, Cécile Duflot, mais aussi le député UMP François Goulard et l'ex-ministre François Léotard qui publiera en février 2008 un violent pamphlet contre le président de la République dans lequel il écrit, en substance : « *J'ai voté Sarkozy mais je dors mal depuis.* »[1] Côté personnalités, les comédiennes Emmanuelle Béart, Josiane Balasko et Isabelle Adjani, les acteurs Michel Piccoli et Philippe Torreton, les chanteurs Thomas Fersen, Renaud, Tiken Jah Fakolly, les écrivains Amélie Nothomb et Bernard-Henri Lévy participent à la réunion. Carla Bruni a en tête les propos du député Mariani qu'elle ne connaît pas mais dont elle ne partage pas du tout les valeurs : « *Il y a douze pays en Europe qui ont le test ADN sur la base du volontariat. Quel est le problème ?* » a lancé le locataire de l'Élysée en réponse à cette « *agitation germanopratine* ». Serge Moati, en maître de cérémonie, invite Carla Bruni à s'avancer. Elle discute dans les coulisses avec Philippe Val mais ne rate pas une miette des discours des précédents intervenants,

---

[1] *Ça va mal finir*, Grasset, 2008.

114

tous très remontés contre celui qu'ils croient être l'inspirateur de cet amendement, le président Sarkozy. « *C'est faux,* dit son épouse. *Ce député a agi seul et sans ordre. Nicolas est très éloigné de ce type d'initiative.* »[1]

Ce dimanche 14 octobre 2007, elle monte sur scène avec sa guitare. Pour chanter, pas pour se lancer dans une diatribe politique. Mais dans *Elle*, Carla écrira cependant ce qu'elle pense de cet amendement : « *Je ne suis pas une politique, je n'ai pas forcément un esprit polémique, je signe rarement des pétitions, et je ne crie pas sur les toits pour qui je vote, mais, au sujet des tests ADN proposés ou imposés aux migrants qui veulent venir en France pour vivre en famille, mon indignation a été immédiate. Plus encore qu'indignée, je suis incrédule. L'amendement Mariani, même édulcoré, me semble d'une telle violence !* [...] *Désormais, il y aurait les Français de souche, à qui appartiendrait le droit légitime de composer leur famille selon leur histoire intime et leurs sentiments, et les candidats à la vie en France qui devraient prouver qu'ils sont unis à leurs enfants par des liens de sang. Une femme qui élèverait l'enfant de sa sœur, comme c'est le cas dans les régions où sévissent la guerre ou le sida, devrait le laisser au pays... C'est impossible !* [...] *Pour passer une frontière, il faut de plus en plus montrer patte blanche. Je déteste le "tri" qu'implique l'immigration choisie. Que la France ne puisse pas recevoir tout le monde, soit. Mais la sélection des postulants rappelle de très mauvais souvenirs. Je suis une immigrée extrêmement privilégiée, mais une immigrée tout de même, et mon enracinement en France ne*

---

[1] Conversation avec les auteurs.

fut que du bonheur. [...] Qu'est-ce qu'il me serait arrivé si on avait imposé à mes parents des tests ADN ? »

Sur le site de SOS Racisme, dans la longue liste des participants, le nom de Carla Bruni n'est même pas mentionné ! Le 6 avril 2008, à la veille de la soirée Rire contre le racisme, Steevy Gustave a prévenu la veille par téléphone Carla Bruni qu'elle figurait, en musique et en image, dans un extrait de cette vidéo au côté d'Isabelle Adjani, et qu'elle risquait de se faire huer lors de la diffusion. La première dame de France a souri. Le Zénith plein à craquer n'a à aucun moment perturbé la mélodie. *« J'ai été tenue informée de tout cela et j'ai dit à mes potes de SOS que je ne voyais aucun inconvénient à figurer dans cette vidéo. Je suis contente que tout se soit passé ainsi »* souligne-t-elle[1].

Secret de Polichinelle

La révélation au grand public, ce 8 janvier 2008, par un quotidien de Sao Paulo, de l'existence de Maurizio Remmert, soixante et un ans, entrepreneur italien installé au Brésil – et père biologique de Carla – a été savamment orchestrée par une cellule discrète de l'Élysée. Avec à sa tête Pierre Charon ? Tout semble le désigner même si l'homme nous oppose une moue dubitative. *« C'est ce qui s'appelle dégoupiller à temps une grenade explosive »* se réjouit une amie de Carla, elle aussi dans le secret. Il faut dire qu'il y avait urgence. Depuis la révélation au grand public de l'idylle présidentielle, rien n'est épargné au couple: Carla et ses nombreux amants, Carla et ses considérations toutes

---

[1] Conversation avec les auteurs.

personnelles sur le mariage, Carla et les photos suggestives, Carla et ses propos peu amènes sur la France et les Français… Analyses et prétendues révélations fleurissent en une des journaux français et étrangers, relayés et parfois précédés de commentaires peu élégants sur la Toile. Le bateau prend eau de toute part, il y a urgence à colmater une à une les brèches. Et surveiller qu'il ne s'en ouvre pas d'autres. Carla victime des escapades amoureuses de sa mère, c'eût été trop !

Surtout qu'en cette nouvelle année 2008, à la veille du mariage encore secret de Carla Bruni et de Nicolas Sarkozy, au Château, on a vent des projets d'ouvrages sur Carla Bruni. En outre, certains articles biographiques qui paraissent dans la presse n'annoncent rien de bon. *« Où les journalistes vont-ils mettre le nez cette fois-ci ? »* se demande-t-on à l'Élysée. C'est acquis : la révélation de la naissance de Carla doit venir du père biologique lui-même… Issu d'une bonne famille piémontaise, Maurizio a moins de vingt ans quand il rencontre Marisa qui en a trente-deux. La musique les rapproche. Lui, passionné de guitare classique – il joue dans un quatuor – elle, à son clavier. On imagine aisément la suite, *« une grande histoire d'amour, pas juste une passade »* se justifie Maurizio. Ce sexagénaire vit au Brésil depuis trente-deux ans, où il fait des affaires dans le vin et la gastronomie. Il se confie donc sur la recommandation de l'Élysée, en janvier 2008, à *Estado*, grand quotidien du Brésil : *« Je sais que Carla est ma fille depuis sa naissance. […] Nous avons entretenu une relation pendant six ans. […] Et Marisa m'a dit que j'étais le père de Carla à sa naissance, en 1967. »* Selon Maurizio Remmert, le mari a été informé : *« C'était quelqu'un d'exceptionnel. Il a toujours considéré*

Carla comme sa fille légitime. Quand il est tombé malade, Marisa a révélé à Carla qui était son père. [...] Ce fut une conversation d'adultes, de mère à fille. » « *Cela prouve qu'il peut y avoir beaucoup d'intelligence et de liberté dans une famille qui n'est pas étouffée dans les principes bourgeois* » s'est justifiée Carla Bruni dans *Paris Match* en 2006. En Italie, nul n'ignore cette paternité. « *Pendant six ans, les deux amants ont vécu une histoire d'amour clandestine. Enfin, presque clandestine. Car le grand journal de la famille Agnelli parlait de secret de Polichinelle. Dans la bonne société turinoise leur liaison est connue mais personne ne la commente. C'est un peu une ville de province, ici. On sait mais on se tait* » rapporte *Libération*[1]. Enceinte à quarante ans, Marisa a eu un amant dans les années soixante, et on prie, en 2008, Maurizio Remmert de le confirmer. On évite ainsi de présenter comme un scoop ce qui n'est au fond qu'un secret de famille, ébruité en France dès 2003 par le film de Valeria Bruni Tedeschi *Il est plus facile pour un chameau...* L'héroïne explique que sa jeune sœur serait le fruit d'un faux pas de la mère. Autobiographie ? Autoportrait ? Bien que les parallèles existent entre *Il est plus facile pour un chameau* et l'univers personnel de la réalisatrice, Carla tranche : « *Le père est la personne qui donne le nom. Mon père est M. Bruni Tedeschi.* » Et elle ajoute : « *Les vérités, je les affronte avec un grand plaisir. J'en suis toujours ressortie grandie. Je ne vais pas perdre mon temps avec un passé trop lourd à porter.* »[1] Elle réserve – et ne s'en cache pas – ses interrogations sur son moi profond à son psy.

---

[1] 4 février 2008.

Les relations entre le père biologique et sa fille sont excellentes depuis qu'il l'a rencontrée. Carla avait alors dix-neuf ans. *« Ce fut naturel et tranquille,* constate Maurizio Remmert. *Notre relation est très saine. Ce qui est étrange, c'est qu'elle dit qu'elle s'est toujours sentie différente dans sa famille. Et elle est très proche de Consuelo, mon autre fille. Je parle souvent avec Carla, et je vois mon petit-fils aussi souvent que possible. Il est très intelligent, comme son père, Raphaël Enthoven, pour qui j'ai beaucoup d'estime. »* Pour le troisième mariage de Maurizio Remmert, en octobre 2007, Carla Bruni se mêle aux invités. Juste retour des choses : samedi 2 février, la famille du Brésil participe au mariage célébré à l'Élysée. Désormais, les familles recomposées où se croisent des Sarkozy, des Bruni Tedeschi et des Remmert ne loupent aucune occasion de se retrouver à l'Élysée ou à La Lanterne, au grand bonheur du chef de l'État.

Visiblement, Nicolas Sarkozy, sous l'impulsion de sa nouvelle épouse, a changé. Il serait plus famille désormais, lui à qui Cécilia reprochait de ne pas beaucoup s'intéresser à ses enfants. Ainsi, un invité surprise s'est glissé dans la délégation accompagnant le chef de l'État en Roumanie ce 4 février 2008. Outre les têtes habituelles, le président a convié son beau-père, Maurizio Remmert. Le père biologique de Carla Bruni a donc eu l'occasion de découvrir, assez brièvement, Bucarest, contrairement à sa fille, restée à Paris. Après sa maman en Chine, ses deux fils au Maroc, Jean et sa petite amie en Égypte, Nicolas Sarkozy gratifie ses hôtes roumains de la présence de beau-papa. *« Famille, je vous aime ! »* s'exclame désormais le président.

---

[1] *Paris Match*, 4 mars 2004.

Quelques jours après ce voyage éclair, un nouveau commentaire de la presse fait enrager le locataire de l'Élysée. Mardi 7 février, une journaliste du *Parisien*, dans un article intitulé *Carla Bruni affole les librairies*, qualifie la nouvelle première dame de « garce ». Une envolée un brin osée : « *Carla Bruni devient une héroïne de livre. Enfin, une héroïne... Un sujet de questionnement. "Qui est-elle vraiment ?" Après lecture de l'ouvrage, la réponse tient en un mot : une garce* ». « *On ne pouvait pas ne pas réagir* » explique Pierre Charon, gardien zélé de l'image de la première dame. Depuis qu'il a intégré les réunions stratégiques du matin à l'Élysée, Pierre Charon est installé au Château, non loin du bureau de la première dame. Carla Bruni en personne prend son téléphone et appelle la rédaction en chef du *Parisien* pour qu'un rectificatif soit publié le lendemain. Ce qui sera diligenté par le directeur des rédactions lui-même. Pierre Charon, incontournable, s'est chargé de cette mise au point ne voulant pas d'une simple ligne d'excuses mais exigeant un long communiqué de contrition. Pourtant, avec la liberté éditoriale – l'anarchie, disent certains – et souvent les abus qui règnent sur le net, l'Élysée n'est pas au bout de ses peines. « *Je suis pour la liberté de la presse, pour la démocratie mais on ne peut pas tout se permettre* » insiste la première dame[1].

Tergiversations indiennes

Nicolas Sarkozy, le roi de la communication, a perdu la main. Il a visiblement beaucoup de mal à installer sa nouvelle compagne dans l'opinion. En dehors de l'Élysée, une cellule improvisée, avec Jacques Séguéla en maître d'œuvre, a sollicité

---

[1] Conversation avec les auteurs.

une importante agence de communication afin de mesurer l'impact de la liaison présidentielle sur les opinions. Le jugement est sans appel. Avec la chute du pouvoir d'achat, c'est la vie privée du président qui le fait dévisser dans les sondages. *« Nicolas Sarkozy est dans une mécanique du "je ne dois rien à personne". Il est avocat dans l'argument plus que dans la réflexion. La première séquence marquée par l'apparition de l'ex- mannequin Bruni a été perçue par les Français comme : "Il s'est servi du pouvoir pour draguer." Le pouvoir le rend beau. Il trahit moins son rôle que sa mission. Lors de sa première conférence de presse de janvier, après les innombrables critiques, son geste signifiait : "Je reviens." La deuxième séquence avec l'accumulation des bourdes – Louxor/Le Vatican/Pétra – réveille chez les Français une blessure partiellement refermée – le côté dangereux de Sarkozy qu'on a évoqué lors de la campagne présidentielle mais que les gens n'ont pas vu ou pas voulu voir. Cette séquence le renvoie à son image. Les Français ne désirent plus Sarkozy. Ils ne se pardonnent pas d'avoir cru en lui et de s'être trompés. D'où le rejet violent. Enfin la troisième séquence, au lieu de se calmer, il pense qu'il va reprendre les rênes, or il part en vrille. Il manage en autocrate. C'est ce que l'on verra fin février au Salon de l'agriculture. Les gens lui font désormais un bras d'honneur »* analyse un expert de cette agence. Pour le moment, les articles véhiculent l'image d'une présidence confuse et d'un chef de l'État dilettante, mal à l'aise dans les habits de sa nouvelle fonction. La presse internationale insiste sur cet aspect régulièrement, ce qui a le don d'irriter l'intéressé. Axel Krause, secrétaire général de l'association de la presse anglo-américaine à Paris, journaliste au *Transatlantic Magazine,* révèle que le président de la République se serait plaint des médias allemands auprès de l'ambassade d'Allemagne à Paris et de la façon dont ils traitaient la politique française. « *La stratégie présidentielle privilégie la communication plutôt que l'information, avec la complicité des médias français. L'Élysée considère les médias étrangers comme beaucoup plus critiques* » décrypte un conseiller écouté en matière de relations pouvoir-médias. Nicolas Sarkozy sent-il le sol se dérober sous ses pas ? « *Avec Nicolas Sarkozy, on a presque un événement par semaine qui évoque* The West Wing, *cette série américaine sur la Maison Blanche* » poursuit cet expert. Mais ces événements, il veut les maîtriser, sans se laisser influencer.

Ce n'est pas uniquement en politique intérieure que le président exerce le pouvoir en autocrate. Côté diplomatie, malgré les mises en garde de certains de ses conseillers, il a pris le risque d'indisposer ses futurs hôtes indiens en recevant à l'Élysée, ce 22 janvier 2008, le frère ennemi pakistanais, le président Pervez Musharraf, trois jours avant son voyage en Inde. Dans le même temps, la remise par le président lui-même du prix Simone de Beauvoir à la bangladaise Taslima Nasreen, réfugiée en Inde, frise l'impair. Les écrits de la romancière ont suscité la colère d'islamistes indiens qui l'ont eux aussi menacée de mort. Elle vit désormais sous protection policière. Comme si tout ceci ne suffisait pas, un nouveau sujet de friction apparaît avec les autorités indiennes : Carla Bruni fera-t-elle ou non partie du voyage officiel ? Et si oui, à quel titre ?

C'est pour le président une évidence : elle doit l'accompagner à l'occasion de sa visite officielle qui démarre le 24 janvier 2008. Nicolas Sarkozy est l'invité d'honneur des cérémonies du Jour de la

République qui marquent l'entrée en vigueur de la constitution indienne en 1950 et ne conçoit pas de s'y rendre en célibataire. Dans un premier temps, Paris fait donc savoir à New Delhi que la jeune femme est susceptible d'accompagner le chef de l'État. Au ministère indien des Affaires étrangères, on s'interroge sur la place à donner à Carla Bruni. « *La* top model *ne peut pas recevoir les mêmes égards que le président puisqu'une petite amie n'est pas considérée comme sa femme ou son épouse* » souligne le quotidien *Indian Express* qui traite le sujet à la une. Au sommet de la diplomatie indienne, on espère que Carla Bruni ne viendra pas. Les pourparlers privés et diplomatiques n'en finissent pas. L'Élysée, à une semaine de la visite, n'a toujours pas donné la liste de la délégation. N'étaient les questions relatives, par exemple, au plan de table pour les dîners officiels ou encore où installer Carla Bruni le jour de la parade militaire, on pourrait encore s'arranger. Mais l'Inde, qui se souvient de ses années de domination coloniale britannique, ne plaisante pas avec le protocole. Rejetant le problème dans le camp français, un responsable du ministère des Affaires étrangères botte en touche : « *C'est à eux de nous dire si Carla Bruni doit être considérée ou non comme la première dame.* » Propos étayés devant nous mais moins diplomatiques de la bouche même d'un haut dirigeant d'entreprises franco-indien qui participe au voyage : « *Le problème devient désormais français. À Sarkozy de le régler.* »

Au cours de sa première visite dans le Golfe, à la mi-janvier 2008, Nicolas Sarkozy n'a pas emmené Carla Bruni. À ses yeux, les deux destinations ne doivent pas être mises sur le même plan. Le royaume saoudien n'accepte pas les relations hors mariage, conformément à la loi coranique. Le président sait désormais après le fiasco médiatique de son escapade en Égypte que dans le cadre de la stricte interprétation de la charia appliquée en Arabie Saoudite un homme et une femme qui ne sont pas mariés ou n'appartiennent pas à la même famille ne peuvent pas être laissés seuls ensemble et partager la même chambre. Mais l'Inde, malgré une forte minorité musulmane, n'est pas aussi regardante. On est tout de même au pays du Kama Sutra et de Bollywood, l'industrie des films d'amour à l'eau de rose ! Et puis, pense le chef de l'État, quelle tristesse de visiter seul le Taj Mahal. Nicolas Sarkozy doit pourtant prendre une décision. Nous sommes à trois jours du voyage officiel et l'on compte déjà quatre-vingts journalistes et techniciens accrédités. « *Le mystère continue* » titre *The Economic Times.* Jamais, dans ce pays d'un milliard d'habitants, la France n'avait autant fait parler d'elle. Dans son panthéon médiatique, l'Inde a retenu de la France le démantèlement du porte-avion Clemenceau, la tragédie des personnes âgées décédées en France lors de la canicule d'août 2003 ou encore l'interdiction du turban sikh dans les écoles françaises. La « saga Bruni », version indienne, est en passe de reléguer ces événements à l'arrière-plan.

Et si cette partie de la visite se faisait à titre privé, s'interroge -t-on à l'Élysée ? Cela permettrait au couple de visiter le Taj Mahal et d'échapper au protocole prévu, le matin du même jour, lors de la parade militaire de la Journée de la République. Hasard du calendrier, durant cette période, se déroule un festival du film français à Bombay. Pendant ces atermoiements, en Inde, on ne se prive pas de faire remarquer l'état d'extrême tension diplomatique. « *Nous avons reçu une liste d'une centaine de délégués accompagnant le président* » dit à l'AFP une source du ministère indien des Affaires étrangères. Mentionnant Carla Bruni ? Pour le moment, c'est le flou complet. La cellule diplomatique de l'Élysée, l'ambassade de France en Inde et le ministère indien des Affaires étrangères sont sur le qui-vive. Aux journalistes qui la sollicitent vingt-quatre heures avant le voyage, la cellule diplomatique de l'Élysée confie *« ne pas avoir tous les noms des personnes qui accompagnent le président en Inde. »* Du jamais vu !

Premiers signes d'une mésentente entre l'Inde et le président français, le voyage du chef de l'État a été raccourci de près de vingt-quatre heures et l'étape de Bombay annulée. La promenade privée de quelques heures au Taj Mahal dans la ville indienne d'Agra, à deux cents kilomètres au sud de New Delhi qu'il s'est concoctée est, elle, maintenue. Concernant cette visite justement, l'Élysée aura longtemps fait planer le doute. Sur le pré-programme distribué aux journalistes accrédités, on note un trou de quatre heures. Or, dans le programme officiel, le Taj Mahal disparaît tandis que cette étape figurait dans le dernier programme fourni par les autorités indiennes. De quoi, à nouveau, alimenter tous les fantasmes. Bien qu'absente, Carla est de toutes les conversations. Jusqu'au dernier moment, journalistes français et indiens espèrent la voir. Le magazine *Point de vue* – une première dans un voyage présidentiel – a même dépêché une envoyée spéciale, *VSD* aussi, ainsi que l'agence Angeli, spécialisée dans la photo *people*.

Nul dans son entourage n'ose aborder le problème avec le président. Enfin presque. À quelques jours de son voyage officiel en Inde, Nicolas Sarkozy va avoir une longue discussion avec celle qui a suivi pas à pas sa carrière en politique.

Bernadette, conseillère matrimoniale

« *Et pourquoi ne pas vous marier très vite ? Ainsi, plus de problèmes dans l'avenir liés au protocole.* » Celle qui lance ce conseil à Nicolas Sarkozy est l'ex-première dame de France, Bernadette Chirac. Convoler, régulariser, Nicolas Sarkozy y songe très sérieusement, surtout qu'il doit se rendre en visite officielle en Afrique du Sud, en Grande-Bretagne et en Israël et dans d'autres pays très prochainement. Reste la splendeur évocatrice du Taj Mahal où, mais il ne le dit pas encore à son interlocutrice, il compte bien se rendre, entre deux rendez-vous officiels, avec Carla Bruni. Il se verrait bien, au moins, renouveler sa demande en mariage qu'il a déjà formulée aux pieds des pyramides, devant ce magnifique mausolée de marbre blanc, construit au XVIIe siècle par l'empereur moghol Shah Jahan, en mémoire de son épouse défunte, Arjumand Banu Begam. Mais pour l'instant, point de Carla Bruni dans le paysage indien. Et pour cause. Cette discussion avec Bernadette Chirac contrarie tous les desseins présidentiels. Le félicitant d'être allé seul en Arabie Saoudite et dans les Émirats, l'épouse de l'ex-chef d'État déconseille à Nicolas Sarkozy de se rendre en Inde avec sa nouvelle compagne. « *Autant pour vos hôtes que pour des raisons purement électorales, Nicolas, vous devez vous y rendre seul.* » Bernadette Chirac n'en démord pas. Le président écoute respectueusement la mise en garde de l'élue corrézienne qui lui rappelle combien l'électorat traditionnel est remonté contre la surexposition de sa vie privée. Quand le président quitte son hôte, envisage-t-il de modifier ses plans ?

Ce dialogue à ce jour jamais dévoilé entre Bernadette Chirac et Nicolas Sarkozy ne figure pas dans l'agenda présidentiel.

Il tient à la fois du respect quasi filial mais aussi de l'intérêt que le président porte aux jugements politiques souvent pertinents de l'ex-première dame de France. Bernadette Chirac n'appartient pas au cercle des ambitieux ni des obligés. Ceux qu'il « gave », selon la propre expression de Nicolas Sarkozy. Lui n'a jamais tout à fait rompu les liens avec et la famille de l'ancien président. Même si les relations connaissent des hauts et des bas, le président actuel veut se souvenir des fidélités anciennes qui l'unissaient aux Chirac quand Claude, leur fille, et lui étaient très proches. Bernadette Chirac a d'ailleurs souvent joué les intermédiaires dans les moments de crise entre Jacques Chirac et son « fils honni ». Contre l'avis de l'Élysée, en pleine campagne présidentielle, elle a affiché son soutien public au candidat Sarkozy, en participant à des meetings à Lyon et à Montpellier. Depuis 2001, Bernadette Chirac s'est imposée sur le devant de la scène politique, à la faveur d'un tour de France électoral pour les municipales. À Nancy, au Havre, à Toulon, Caen ou Avignon, des élections victorieuses ont fait d'elle une sorte de « talisman » pour la droite. Elle sent ce que pensent le peuple d'en bas, les seniors et la grande bourgeoisie, trois piliers du vote Sarkozy en mai 2007. Le président va-t-il ou non faire fi des recommandations de Bernadette Chirac ? Nous sommes à quelques jours de cet important voyage en Inde, et au lendemain d'une période catastrophique pour lui de sondages en baisse et de critiques tous azimuts sur son train de vie et sur le côté m'as-tu-vu de son début de présidence. La Sarkozie est de plus en plus inquiète du succès des trois ouvrages qui viennent de paraître sur Cécilia. Le président veut imposer sa nouvelle compagne mais les médias et les Français réclament toujours plus de Cécilia.

Doit-il provoquer une fois encore son électorat en particulier et les Français en général en se présentant en Inde au bras de sa compagne non encore légitime ? Bernadette Chirac a été formelle : il doit se rendre seul en Inde. L'idylle présidentielle n'a toujours pas reçu le blanc-seing de monsieur le maire et Bernadette, qui a une longue expérience des voyages officiels, le lui a rappelé sans ménagement.

Reste à l'Élysée à trouver une communication habile afin de faire passer les tergiversations sur la présence de Carla Bruni en Inde pour des conjectures hasardeuses et non fondées de journalistes en mal de sensationnel. Une cellule de crise restreinte se réunit à l'Élysée. Il est décidé que c'est à Carla Bruni de démentir. Pour la première fois, elle va s'exprimer sur un sujet stratégique. Avec ses mots à elle. Peu au fait des exigences diplomatiques, elle n'en sera que plus crédible. « *Je n'irai pas passer l'après-midi en Inde* » répond-elle au quotidien *Libération* le 21 janvier 2008, mettant un terme à l'imbroglio médiatico-politique. Et d'ajouter : « *Nous ne l'avons jamais vraiment envisagé.* » Le tête à tête entre Bernadette Chirac et Nicolas Sarkozy semble pourtant prouver le contraire ! L'ex-première dame a donc su imposer au chef de l'État sa propre vision. Carla Bruni confie à *Libération* « *le regretter* » et livre au passage une information : « *Pas mariée, je ne peux pas participer à un voyage officiel avec le président.* » La rumeur les donnait mariés... Son « *pas mariés* » rassure ses amis vexés auxquels elle a envoyé quelques jours auparavant un SMS groupé leur annonçant, histoire de mettre fin à un ouragan de folie, que la célébration n'était pas encore d'actualité. « *Pas même une visite privée en marge du déplacement ?* » insiste le journaliste de

Libération qui a en tête le projet présidentiel d'une escapade au pied du Taj Mahal. Pour balayer cette rumeur, la chanteuse évoque en plaisantant ses souvenirs « *jetlagués* » de mannequin toujours entre deux avions. « *Même pour la santé, ce n'est pas bon.* » Puis elle évoque une seconde raison : « *Je rentre en studio début février pour enregistrer mon prochain album et je travaille en ce moment chez moi sur mes maquettes.* » La musique, comme la diplomatie, n'attend pas.

Nicolas Sarkozy amoureux a lutté contre sa nature pour s'imposer cette exigence protocolaire et politique. Pour tenter d'endiguer la baisse vertigineuse de sa popularité, conformément aux recommandations pleines de sagesse de Bernadette Chirac. Rupture ne signifiant pas faire du passé table rase, il a cédé.

En Inde et sans Carla, le président Sarkozy s'installe dans un salon de l'ambassade de France et répond à bâtons rompus aux questions de la presse. On le harcèle de demandes. Présent, le ministre de la Défense Hervé Morin n'en revient pas. « *Vous auriez vu les questions ! Il y a quand même un problème* » lâche-t-il devant un collaborateur à son retour d'Inde. Passablement irrité, le chef de l'État passe un savon à un journaliste devant tous ses confrères. Il lui reproche de se comporter comme dans un « *commissariat de police* ». Et lorsqu'un confrère lui demande si l'exercice de la fonction présidentielle est compatible avec son style de vie, il contre-attaque : « *On peut être pour Céline sans être antisémite, aimer Proust sans être homosexuel. Le style, ça compte.* » À peine a-t-il le temps de reprendre son souffle qu'un autre journaliste lui lance : « *Vous êtes plus connu à l'étranger pour votre style et votre vie privée que pour votre action…* » « *Je pense que ce n'est pas exact* » réplique le chef de l'État. Et d'argumenter : « *J'ai été désigné homme de l'année par les Chinois, et je ne pense pas que ça ait un lien avec ma vie privée. Aux États-Unis, je suis dans la presse tous les jours depuis mon discours au Congrès et ça n'a rien à voir avec ma vie privée.* » Le face à face presse/président se poursuit à fleurets mouchetés. Colombe Pringle, de *Point de vue*, ouvre le bal de la séquence *people* avec des questions sur l'absence de Carla Bruni. Nicolas Sarkozy, qui se défend d'instrumentaliser sa vie personnelle, regarde cette fois-ci tous les journalistes. « *Quand je suis à Charm-el-Cheikh, je ne veux pas que vous soyez là. Quand je suis à Louxor, je ne veux pas que sous soyez là* » martèle-t-il. On se souvient, en revanche, qu'il était heureux de la présence de la presse à Disneyland Paris, en décembre 2007, pour officialiser son union avec Carla Bruni. Puis, adoptant un ton plus confidentiel, il lance : « *Il y a les Jeux Olympiques de Pékin, en août : il se peut que je n'y aille pas seul... Je vous recommande d'être là.* » C'était sans compter sur la polémique à venir sur l'attitude à adopter vis-à-vis de Pékin. Puis, énumérant d'autres futurs voyages, il prévient, là encore, que Carla Bruni pourrait l'accompagner. Cela signifie-t-il qu'ils ont enfin prévu de se marier ?

La colère de Nicolas Sarkozy en Inde n'est pas uniquement due aux articles et aux questions des journalistes sur sa vie privée. En coulisse, l'ambiance est tout aussi électrique avec les interlocuteurs indiens. Le chef de l'État français est arrivé passablement remonté contre les hommes de Bombay qui ont annulé des commandes d'hélicoptères français. Dans l'avion qui le transporte à New Delhi, il s'en est déjà pris ouvertement à l'ambassadeur de France qui n'est autre que Jérôme Bonnafont, l'ancien porte-parole de l'Élysée, chiraquien convaincu. « *Ça, c'est bien les chiraquiens*, vitupère Nicolas Sarkozy. *Ils se sont empressés de partager les postes avant qu'on arrive.* » Sur place, son humeur ne s'améliore guère. Dès le premier entretien officiel, Nicolas Sarkozy reproche vertement à ses hôtes d'avoir renoncé aux hélicoptères français. Ces derniers sont sous le choc devant la virulence des propos. Au point que lors de la première réunion de debriefing, son sherpa, Jean-David Levitte et Jérôme Bonnafont, suggèrent au président de « *baisser d'un ton.* » Nicolas Sarkozy qui a beaucoup de mal avec les codes diplomatiques, explose : « *C'est ça, alors, la diplomatie ! C'est tout accepter de façon polie ! Mais est-ce qu'elles ont réussi vos méthodes depuis des années ? Non ! Alors, laissez faire ceux qui veulent essayer autre chose !* » Ces échanges, rapportés par un témoin direct de la scène, attestent qu'il n'est pas aisé, loin s'en faut, de conseiller Nicolas Sarkozy. Sauf, peut-être lorsqu'on s'appelle Bernadette Chirac.

L'escapade en terre indienne se déroule sans la chanteuse et au pas de charge. Au grand désarroi des autorités locales. À peine arrivé en Inde, le chef de l'État se rend sur la tombe du Mahatma Gandhi, se contente de signer le livre d'or sans laisser de message ni exprimer un mot. Les journalistes couvrant l'événement sont déçus : hormis quelques images, ils n'ont récolté aucune déclaration digne d'intérêt. Le lendemain, le président assiste à la parade du jour de l'Indépendance sur Raj Path, les Champs-Élysées de New Delhi. Une caméra indienne le surprend en train de se regarder les ongles tandis que la délégation française a quitté les lieux un quart d'heure avant la fin du défilé. Une délégation spéciale… Outre le journaliste

Jean-Pierre Elkabbach, ses habituels conseillers, Jean-David Levitte, Henri Guaino et Catherine Pégard, ainsi que cinq ministres et cinq parlementaires. On note un grand absent : le porte-parole de l'Élysée, David Martinon. Officiellement, il est resté à Paris pour s'occuper de sa campagne à Neuilly-sur-Seine. En réalité, Nicolas Sarkozy est particulièrement en colère contre son conseiller qui mène une campagne désastreuse dans la ville qui n'a cessé de le plébisciter pendant des années. Certaines rumeurs prétendent que David Martinon sera écarté de l'Élysée une fois les élections municipales passées. Valérie Pécresse, Jean-Louis Borloo et le maire de Levallois-Perret, Patrick Balkany, auront au moins pu profiter, eux, des charmes de ce monument dédié à l'Amour. Sur la photo, pose la ministre des Universités. « *Les services du protocole indiens se souviendront longtemps des mauvaises manières sarkozystes* » assure un participant à ce voyage. Mais « Nicolas » l'a promis, il reviendra. Et bien accompagné cette fois-là.

Quelques semaines plus tard, le 2 février 2008. Bernadette Chirac est l'invitée sur RTL du *Journal inattendu* de Laurence Ferrari. La journaliste ignore tout du mariage qui est en train de se dérouler à l'Élysée. Bernadette Chirac, elle, est dans la confidence. Thomas Legrand, chef du service politique de la station, fait cette annonce en exclusivité au début de l'émission. Le rédacteur en chef demande alors à la journaliste *via* l'oreillette une réaction de l'ex-première dame. Laurence Ferrari s'exécute. Bernadette Chirac lâche : « *Pour la France, on espère qu'ils seront très heureux.* » Avant d'ajouter : « *Quand on est président, il vaut mieux avoir une compagne à qui l'on peut dire tout ce que l'on a besoin de dire, et ce que l'on ne peut pas dire à tout le monde. Il faut un punching-ball si vous voulez... »* C'est pour l'ex-première dame comme un ouf de soulagement ! Simple hasard de calendrier ? Bernadette Chirac figure dans la promotion de Pâques 2008 de la légion d'honneur. Présidente de la Fondation Hôpitaux de Paris, elle est faite chevalier, le premier grade de l'ordre national. Avec ses grands serviteurs, la République sait se montrer reconnaissante.

Où est passée la « Sarko *touch* » ?

Que l'opinion se détache de lui sondage après sondage, passe. Le président l'avait prévu. Mais l'ampleur de cette désaffection le désarçonne, lui qui avait construit toute sa légitimité sur le soutien de l'opinion, matérialisée dans les urnes le 6 mai 2007. Au lieu d'assumer sa part de responsabilités, il applique la méthode Coué, vis-à-vis des journalistes et de la majorité. Voilà ce que ça donne quand on interroge un des conseillers de Nicolas Sarkozy. *« Je dirais qu'on est totalement en situation. On entame le dur des réformes où on va être très bas pendant quelque temps. Et dans quatre ans, on gagne car on aura tenu et changé la France »* affirme Jérôme Peyrat, chargé des études à l'Élysée, en marge de la rencontre entre Angela Merkel et Nicolas Sarkozy lors de la convention de l'UMP sur l'Europe à Paris, ce mercredi 30 janvier 2008. Le conseiller est dans la droite ligne du président qui, de son côté, affirme : *« Après l'euphorie de la présidentielle, on a mis en place les réformes. Aujourd'hui, on n'en a que les inconvénients. On en récoltera les fruits dans un an »* confie-t-il à quelques fidèles, de plus en plus clairsemés et retranchés dans leur fief électoral.

Car désormais, ce sont les élus de son propre camp qui se détournent. Pas encore ouvertement, mais à demi-mots, à la dérobade. « *Si j'étais inquiet, je ne ferais pas président* » disait-il encore le 8 janvier, un brin hâbleur. Lui dont les élus quémandaient la présence lors d'un meeting ne ferait-il déjà plus recette ? On parle alors de la possibilité de voir son poulain, David Martinon, candidat à sa succession à Neuilly, déposer les armes avant le dépôt de candidature. Dans le rendez-vous politique des municipales de 2008, Magic Sarkozy fait désormais davantage figure de première partie que de *guest star*. Juppé, Gaudin et d'autres grandes figures de l'UMP et du gouvernement s'obstinent à ne pas le solliciter pour leurs meetings de campagne.

Le 16 janvier 2008, lors de la réunion des dirigeants de l'UMP autour du président, Nicolas Sarkozy n'entend que récriminations contre sa volonté de s'impliquer dans la campagne. Une idée que l'écrasante majorité des élus UMP juge contre-productive. Nicolas Sarkozy fait front, un temps. Mais le vernis craque et son auditoire qui, il y a peu, n'aurait pas osé se rebeller, commence à s'agiter. Ce n'est pas encore la révolution, mais cela ressemble bien à une révolte. Et François Fillon qui ne lui sert même pas de fusible et voit sa cote de popularité augmenter ! Le chef de l'État a en tout cas conscience qu'il faut resserrer les liens distendus depuis deux mois, autrement dit depuis sa rencontre avec Carla. « *Trop occupé à ses amours, il en a oublié ses troupes* » entend-on dans le chœur des déçus.

Alors, il fait venir ses troupes, justement, à l'Élysée, le 23 janvier 2008. Une trentaine de parlementaires répondent présents. « *Vous qui avez été les premiers à croire en moi, continuez !* » commence le président. Commentant sa panne dans les sondages, il leur lance : « *Je veux être jugé au bout de cinq ans, pas après sept mois.* » Et anticipant les critiques sur sa vie privée, il les minimise d'un rapide : « *Si je dis que je vais en vacances en camping, on va dire que je suis démago. Si je dis que je pars seul en vacances, personne ne me croira et vous aurez raison !* » Mais à ses yeux, le responsable est tout trouvé : la presse, bien évidemment : « *Quand le président divorce, c'est une affaire d'État. Mais quand il va bien, qu'il retrouve un peu de bonheur, on dit que c'est de la manipulation !* » Pendant vingt minutes, le président essaie de les convaincre, de les remotiver. Lui seul y croit. Son auditoire a déjà baissé les bras, l'humeur n'est plus la même que celle du temps déjà ancien de la campagne présidentielle. Au sortir de son estrade, il va presque un à un chercher à les remobiliser. Les uns, il les exhorte à être « *fiers de tout ce que* [nous] *avons fait en neuf mois* ». Aux autres, il demande de « *ne pas avoir peur du débat* ». À d'autres encore, il explique : « *Ayez des idées. La modernité, c'est nous.* » Quelques ministres et parlementaires qui sont avec lui depuis le premier jour veulent encore y croire même s'ils pensent qu'il se fourvoie depuis quelques mois. Nicolas Sarkozy réitère ses critiques contre la presse, coupable de tous ses maux : « *C'est elle qui médiatise ma vie privée. C'est insupportable.* » Personne ne se risque, sur ce terrain, à lui apporter la contradiction mais tous ont en tête les séquences redoutables par lui orchestrées ou du moins tolérées, comme la sortie à Disney, le voyage en Égypte, le séjour à Pétra.

Désormais, dans les semaines qui précèdent les municipales, on ne met pas simplement en doute sa capacité à rebondir, mais, crime de lèse-président, son « niveau », voire ses « compétences » ! Quelques politiques s'aventurent, sous couvert d'anonymat, à rejoindre la presse lorsqu'elle s'afflige. Comme cette une de *L'Express* en février 2008, « *Fait-il vraiment président ?* » ou cette autre couverture du *Nouvel Observateur* : « *Le président qui fait pschitt !* » Mitterrand et Chirac, bien qu'abondamment persiflés, n'ont jamais essuyé dans le passé pareille mise en cause de leur capacité à occuper cette fonction. C'est vrai qu'il a un côté jeune premier, avec sa belle qu'il enlace, sa vie privée qu'il expose, ses drames qu'il étale. Au bout du compte, le vrai coupable de son dévissage dans les sondages ne serait-il pas lui et lui seul ? À droite, on cherche ailleurs. Sont dénoncés pêle-mêle, l'ancien conseiller spécial de François Mitterrand, Jacques Attali et ses trois cent seize propositions, les ministres qui se taisent et dont on commence à se demander s'ils sont vraiment à la hauteur du job, les conseillers du prince qui parlent davantage qu'ils ne le conseillent justement. Mais aussi les ministres d'ouverture à qui l'on demande de se taire ou encore ceux que le député de Paris, Claude Goasguen, appelle « *les vieilles momies* » du mitterrandisme : Lang, Allègre, Védrine ou Rocard dont on cite les noms régulièrement pour signifier que l'ouverture à gauche n'est pas terminée. Il les entend, ses partisans, mais en son for intérieur Nicolas Sarkozy enrage. La victoire, c'est à lui et à lui seul qu'ils la doivent. Alors, il n'admettra plus aucune critique.

Pour les élus, discipline ne signifie pas pour autant mutisme. Et ils parlent, les députés et les ministres, et ils se plaignent. Sous couvert d'anonymat, bien sûr, mais sans retenue. Ce n'est pas l'argumentaire que Nicolas Sarkozy et François Fillon ont demandé, en cette veille de municipales, qui leur mettra du baume au cœur. Argumentaire qu'ils attendent des secrétaires d'État Roger Karoutchi, en charge des Relations avec le Parlement et

Laurent Wauquiez, alors porte-parole du gouvernement. Il doit servir de bilan sur « les conséquences concrètes des neuf premiers mois d'action du gouvernement ». Trop tard, l'effet démultiplicateur de l'apparition de Carla Bruni a « *sapé les consciences.* » Ce mot d'un député est censé servir d'électrochoc. Il le répétera ce 5 février 2007, devant ses compagnons du groupe UMP qui tient, à l'Assemblée nationale, sa dernière réunion avant les élections municipales et cantonales. Les coups de semonce élyséens ne semblent pas les avoir effrayés. Et, entre eux, ils renouvellent leur critique à l'égard du chef de l'État, atterrés qu'ils sont par la dégradation de la confiance qu'ils constatent sur le terrain. Mercredi 6 février 2008, en plein conseil des ministres, le chef de l'État fixe les membres du gouvernement, à commencer par son chef : « *J'écoute, je lis, j'entends tout ce qui se dit. Après les municipales, je prendrai avec sang-froid les décisions qui s'imposent.* »

Même Jean-Pierre Raffarin est en proie au doute. L'ancien Premier ministre a été frappé par son premier contact avec Carla Bruni, lors d'un déjeuner au Bristol où le président l'a invité, avant le discours de Tony Blair à une réunion de l'UMP, le 23 janvier. On devait y parler politique. Des témoins de la scène rapportent que le dialogue avec le président s'est limité aux chansons. À un moment du repas, la chanteuse part fumer à l'extérieur. À peine Carla sortie, le président se penche vers l'un des hôtes et glisse : « *Elle est belle et elle en a dans la tête. Ça me change.* » À la fin du repas, le couple présidentiel repart par une porte dérobée, chaussant l'un et l'autre leurs fameuses Ray Ban devant une assistance éberluée. Il paraît que seul Tony Blair a souri.

De la baraka à la scoumoune, Nicolas Sarkozy aurait-il perdu la main ? Combatif, il va dans un dernier sursaut avant les municipales chercher à booster ses troupes dont il exige qu'elles gardent leur sang-froid. C'est de Guyane, ce 12 février 2008, qu'il martèle son credo. De Guyane où il a bien failli emmener sa nouvelle épouse, Carla, au grand dam de son entourage qui l'en a dissuadé. Cette Guyane où avaient été médiatisées ses retrouvailles provisoires avec Cécilia. En juin 2006, à Saint-Laurent du Maroni, il s'exclamait : « *La Guyane est dans mon cœur. Et la preuve, c'est que Cécilia est avec moi.* » S'ensuivit une promenade en pirogue des deux époux enlacés devant les caméras. *L'Express* titre alors : « *Sarkozy : la rechute people.* »

Seul désormais dans ce nouveau voyage, il appelle chacun au plus grand sang-froid. « *Tous les gouvernements, toutes les majorités, tous les présidents connaissent des moments plus ou moins faciles. Les difficultés, il faut les affronter avec sang-froid et humilité et continuer à travailler. Je ne crois pas que la fébrilité amène quoi que ce soit à la solution des problèmes.* » Sera-t-il entendu ? Rien n'est moins sûr. Dans l'équipe gouvernementale, chacun joue « perso ». Les tensions sont vives entre son Premier ministre et lui sur fond de courbes de sondage qui se croisent. Quant à l'épisode Neuilly, il s'est achevé en vaudeville ridicule. Régulièrement, le matin, lors de sa réunion avec ses douze conseillers les plus proches, Nicolas Sarkozy s'en prend à tel ou tel « *journaliste qui rêve depuis si longtemps de faire un article assassin* ». Interrogé dans *L'Express* daté du 14 février 2008, Claude Guéant, le secrétaire général de l'Élysée, met ces difficultés sur le compte des « *problèmes personnels* [que] *le président a eu à gérer. Et, du coup, les*

Français ont eu le sentiment qu'il ne leur appartenait plus complètement ». Doux euphémisme. Bientôt, le président fera sienne cette sage posture philosophico-maritale de son épouse : *« Je voudrais, en premier lieu, écouter Nicolas, écouter les gens, écouter tous ceux qui savent, car je ne sais rien. »* Lui, écoutera sa femme[1].

Car il faut agir, et vite. Ses rapports avec les citoyens deviennent cyclothymiques. Il faudra bientôt relire Freud et Lacan pour les comprendre. Même s'il prend conscience du dévissage et s'il agit en conséquence, dans le fond, il semble s'en moquer. En apparence, c'est le redéploiement méthodique : voyages officiels délibérément austères à l'étranger, lancement de la séquence européenne, retour sur les territoires de la sécurité, de l'immigration, de l'emploi, calendrier de négociations sociales, bref, les fondamentaux. Rien que les fondamentaux. Mais au fond, il ne veut pas durer mais changer, pas s'enraciner mais marquer.

Il a beau se démener, les Français lui tournent le dos. Même ses amis semblent ne plus rien comprendre. L'ancien Premier ministre Édouard Balladur s'improvise mentor du président. Dans une tribune au *Monde*, l'ex-Premier ministre estime que Nicolas Sarkozy doit *« adapter »* sa méthode et son rythme. Pour lui, *« il n'est pas non plus indispensable de créer tous les jours un événement ».* Édouard Balladur veut croire que celui qu'il considère comme son fils spirituel *« saura infléchir son style, tout en conservant son originalité ».* *« La sincérité n'est pas exclusive d'une certaine sobriété, la rapidité de la décision n'interdit pas la*

---

[1] *L'Express*, février 2008.

concertation préalable. »[1] L'intéressé appréciera. Dans son premier discours de candidat, le 14 janvier 2007, Nicolas Sarkozy affirmait : « *J'ai changé* ». « *C'est parce que Nicolas Sarkozy a placé en partie sa campagne sur le récit de sa mue personnelle qu'il est naturel qu'on lui renvoie les choses aujourd'hui et qu'on lui dise, finalement M. Sarkozy, vous êtes toujours aussi nerveux* » estime Denis Muzet, sociologue des médias, dans *Le Parisien*[2].

Quand un lecteur du *Parisien* lui demande comment il réagit devant le manque de confiance des Français à son égard, Nicolas Sarkozy répond : « *Avec lucidité et avec calme.* » Avant d'ajouter : « *Pour devenir président, il faut en passer des collines, des vallées, des montagnes ! Il ne faut pas croire, quand les sondages sont bons, que tout va bien et quand les sondages sont mauvais, que tout va mal. Si on réagit comme ça, on n'arrive jamais au bout d'un projet. Mais je me dois d'être lucide et d'en tenir compte. Des épreuves, j'en ai connues dans ma vie comme tous les Français. J'ai été élu pour cinq ans pour transformer la France. C'est mon travail, c'est ce que je vais faire. On élit quelqu'un pour qu'il affronte les épreuves. Je m'y étais préparé. Je vais m'attacher à mieux présenter notre politique afin qu'elle soit mieux comprise.* »[3]

Au final, pourquoi Nicolas Sarkozy a-t-il subi un tel revers de sympathie en si peu de temps ? Nous sommes allés, une fois encore, à la rencontre d'un expert en communication politique. Celui-là même qui nous éclairait sur les ratés de la séquence Disney. Homme de gauche sans être partisan, il nous livre une

---

[1] 23 février 2008.
[2] 25 février 2008.
[3] 26 février 2008.

analyse précise de la situation en cette veille des municipales. *« Nicolas Sarkozy n'est pas le seul à avoir bousculé une haute fonction. Souvenez-vous d'Édith Cresson, alors Premier ministre, et ses sorties verbales sur les Anglais et les Japonais. »* Elle traita, en effet, les Japonais de « fourmis » et les Britanniques de « gays » ! *« En fait, Nicolas Sarkozy est pris dans un étau terrible : au-dessus, il n'y a pas de résultat. En dessous, les ministres se sentent en vacances car plane à tout moment la menace d'un remaniement. Par le côté, veille l'intelligentsia de gauche. Par la droite, le surveille la France conservatrice. Il est dans une phase de déni, mais il n'y a pas encore de pétage de plombs. Vous le verrez, son salut viendra de son épouse. Carla est intelligente. Ses premières interventions sont dosées, avec son apparition aux côtés de la famille d'Ingrid Betancourt et son salut discret aux lecteurs du* Parisien. *Vous verrez, dans la durée, Carla ne représentera plus de problème. Elle sera peut-être même un atout pour lui. C'est la moins mauvaise des situations de crise. Bientôt, les Français auront zappé Cécilia... Reste à Nicolas Sarkozy à avoir une ligne directrice. Que signifie pour les taxis, la politique de civilisation ? Sa politique est un inventaire à la Prévert. Il se doit de professionnaliser son gouvernement. S'il ne fait pas tout cela, il aura contre lui l'alliance des bourgeois et des conservateurs. »*

Message reçu presque cinq sur cinq. Au lendemain des municipales, Nicolas Sarkozy met en place une nouvelle stratégie de communication, sifflant la fin de l'ère « bling-bling ». Décidé à changer de style pour remonter la pente des sondages et faire taire les critiques sur un début de mandat présidentiel jugé trop dispersé et clinquant, le chef de l'État va tout faire pour apparaître moins *glamour* et plus *présidentiel*. « *L'acte I du quinquennat Sarkozyen s'achève donc. L'acte II commencera le 17 mars* » écrit l'analyste Alain Duhamel. « *Mais cette re-présidentialisation exige de la distance, de la constance, de la hauteur. Elle interdit l'agitation, les provocations, les apostrophes viriles et malsonnantes, le* reality show *au palais de l'Élysée* » ajoute-t-il[1]. « *Depuis quelques semaines, le style de M. Sarkozy a changé* » assure un de ses proches. Il a ouvert une nouvelle séquence « *élégance et discrétion* » précise-t-il.

Terminés les joggings médiatisés, à Paris ou New York, les vacances sur le yacht d'un riche industriel, lunettes de soleil sur le nez et nuée de photographes aux trousses. Place désormais aux visites de terrain en province, histoire de « *faire de la pédagogie* », selon un proche, et de recoller à l'opinion, avec des rencontres à l'abri des caméras.

Nicolas Sarkozy, victime des cadreurs et des photographes ? Quand il passe un week-end privé avec son épouse, Carla, en Afrique du Sud ou le lundi de Pâques à Marrakech sans une horde de journalistes à ses trousses ou convoqués, sa vie privée est préservée. Il n'en faut guère davantage pour que la sérénité de son couple soit respectée. En septembre 2006, le tribunal de Thonon-les-Bains, saisi par Nicolas Sarkozy à la suite de plusieurs articles publiés dans le quotidien suisse *Le Matin*, qui faisaient état de la première séparation du couple pas encore présidentiel et de la liaison entretenue par Cécilia Sarkozy avec Richard Attias, constatait que Nicolas Sarkozy avait « *lui-même repoussé les limites de la protection légale de l'article 9 du Code*

---

[1] *Libération*, 12 mars 2008.

civil » qui veut que « *chacun a droit au respect de sa vie privée* ». Le président, au bras de sa nouvelle épouse, retiendra-t-il, et pour longtemps, la leçon ?

Carla, le podium
du peuple

Des belles-mères très présentes

Le Parisien du 30 décembre 2007 rapporte, à propos de sa fille, une remarque pleine d'esprit de Marisa Bruni Tedeschi, à Rome, au moment de la visite de Nicolas Sarkozy au Vatican, le 20 décembre 2007 : « *Le président m'a demandé sa main. Je lui ai dit : Monsieur le Président, je n'ai aucune raison de vous la refuser !* » Voilà pour « la belle histoire ». La réalité est plus baroque. Nicolas Sarkozy, très vite, suivant son cœur et les conseils de Bernadette Chirac, décide de se marier avec Carla Bruni. « *Il y a une compétition entre lui et son "ex", Cécilia. À celui qui se mariera avant l'autre* » avance un intime de l'ancien couple. Pour autant, Marisa, sa mère, ne va pas disparaître du paysage sentimental de sa fille. « *Si vous voulez parler de fierté, il faut appeler ma mère… »*[1] Dans l'une de ses innombrables interviews, Carla avait prévenu. Moins occupée désormais, Marisa ne veut pas laisser aux autres le soin de régler les petites affaires de cœur de sa benjamine de fille, car, dit-elle, « *je suis une mère italienne. Très proche de mes filles. Je ne les cherche pas, mais je suis gâtée car je les ai tous les jours au téléphone. Elles me parlent de leurs angoisses, me demandent conseil. Je ne me scandalise de rien. Quand elles avaient vingt ans, je m'inquiétais quand elles rentraient tard. J'avais peur qu'elles ne touchent à la drogue. Comme toutes les mères finalement. Je leur ai toujours répété de garder l'équilibre en toute circonstance. Heureuses ou malheureuses, grand succès ou pas, elles ne doivent pas perdre la tête.* »

Et c'est vrai qu'on la voit beaucoup, Marisa. Un peu trop d'ailleurs, se plaignent certains photographes. Dans les jardins de La Lanterne, à Versailles, à Disneyland, au Vatican, à Londres ! En deux mois, on n'a jamais entendu autant parler d'elle. Même les journalistes politiques s'interrogent sur son rôle et sa présence au Vatican. « *On ne voit pas bien à quel titre cette personne, sans aucun doute estimable, a été invitée à participer à la délégation française. Quelle action intellectuelle, professionnelle, a pu justifier sa présence ? Quelle raison, d'ordre public, peut expliquer qu'elle figure dans ce lieu, à ce moment ? Quant à imaginer des causes privées susceptibles de justifier cette présence, c'est une hypothèse que nous nous refuserons à aborder ici, par respect de la règle grandiose du journalisme français qui*

---

[1] *Le Nouvel Observateur*, 3 mars 1994.

sépare strictement la vie publique et la vie privée » s'interroge avec ironie le journaliste Jean-Michel Aphatie sur son blog.

Auparavant, dans les vaudevilles, il y avait la femme, l'amant et le mari. Avec le couple Bruni-Sarkozy, l'amant est remplacé par la belle-mère ! *« Elle est partout. Sur toutes les photos. Entre eux deux. C'est le troisième personnage, celui que l'on n'attendait pas, et qui tout à coup vient infléchir l'histoire, lui donner de la chair, de l'inattendu, de la réalité. Maman à la parade de Mickey »* renchérit, sur son blog, le journaliste Daniel Schneidermann.

En plusieurs années de vie matrimoniale et extra-conjugale, Nicolas Sarkozy a toujours recherché la compagnie de sa belle famille. Là, la situation devient très compliquée. Pas encore officiellement belle-maman et déjà omniprésente. Le goût des photos ? Le temps de la retraite ? L'instinct d'une mère qui cherche à protéger sa progéniture de méchantes griffes ? Tout cela, sans doute. Mais aussi ce sang italien qui ne saurait mentir et la pousse, elle la mère si longtemps tenue à distance de ses trois enfants, à en faire toujours plus. À un journaliste qui lui demande laquelle de ses deux filles lui ressemble le plus, elle répond : *« Aucune des deux. Je n'ai pas l'indépendance qu'elles ont. J'ai reçu une autre éducation qu'elles. Je vivais à Turin, une ville de province très fermée. À mon époque, on ne pouvait pas partir loin pour aller étudier la danse, la musique. Mes filles ont beaucoup plus de liberté que moi. À dix-huit ans, Carla s'envolait pour New York. Virginio traversait l'Atlantique et Valeria quittait la khâgne pour suivre Chéreau. »* Même si pour elle, il n'y a pas de doute : *« Carla vit une authentique histoire d'amour. »* Et d'ajouter dans le même *Parisien* : *« Je pense qu'ils peuvent très bien se compléter avec Nicolas [...] Carla est musicienne, poète. La pulsion pour l'art est une chose très forte chez une personne. On ne peut pas y renoncer. Si Carla devient la première dame de France, elle devra garder pour elle un lieu et du temps pour écrire. Elle a besoin d'écrire ses poésies, de composer sa musique, d'enregistrer ses albums. Même avec toutes les obligations qu'elle pourra avoir, elle réussira à se garder du temps. Je pense que le président de la République n'a pas vu que la belle fille en elle et qu'il respecte beaucoup son côté artiste. On en a parlé ensemble. Il est tout à fait d'accord.* »

Mama italienne et maman poule, on a pu la voir descendre de l'avion présidentiel français, à Heathrow, lors du voyage d'État en Grande-Bretagne, vêtue d'un trench écossais aux tons aubergine, et chapeautée. Elle a également pris part au dîner de gala donné au château de Windsor, où elle s'est fait remarquer par sa tenue très fleurie.

À l'opposée, Andrée, la mère de Nicolas, lors des premières semaines de la relation amoureuse de son fils avec l'ex-mannequin, n'est pas contente. Mais alors, pas contente du tout de voir son fils de nouveau épris. Elle appréciait Cécilia bien que « *froide et distante* » et ne porte pas dans son cœur celle qui la remplace. Elle va d'ailleurs le lui signifier indirectement. Alors que la France n'est pas encore informée de l'idylle présidentielle, la mère de Nicolas Sarkozy répond à une interview dans le magazine *Point de Vue*. Sans donner de nom, bien qu'elle ait déjà en tête la nouvelle situation sentimentale de son fils. Elle lui adresse donc un message, par média interposé, que seul Nicolas Sarkozy et sa nouvelle compagne Carla peuvent alors déchiffrer. « *J'espère que personne ne se remariera ! J'en ai marre des mariées et je ne parle pas seulement pour Nicolas !* » explique-t-elle[1]. Puis, se faisant plus sibylline, comme si elle ne s'adressait qu'à une personne en particulier : « *À son poste, il ne peut qu'avoir l'embarras du choix.* » Carla n'est donc à ce moment précis aux yeux de la mère du chef de l'État qu'une nouvelle aventure. Une parmi d'autres...

Cette interview plongera le président dans une terrible colère et jettera un froid dans la famille Sarkozy. Le frère aîné de Nicolas, Guillaume, partage l'opinion de Dadu. Il est trop tôt pour s'afficher avec une nouvelle conquête, pourquoi ne pas garder le secret ? Mais Nicolas et Carla souhaitent que leur amour éclate au grand jour. Malgré les avis du frère et de la mère du président, même si Nicolas Sarkozy a toujours, jeune, cherché l'assentiment de sa mère et son admiration. Dans *Un pouvoir nommé désir*, la biographie qu'elle consacre au chef de l'État, Catherine Nay le dessine comme une espèce de Tanguy adolescent qui a du mal à quitter la maison, toujours en train d'appeler sa mère, comme le jour où il conquiert la mairie de Neuilly à vingt-huit ans[2]. Il semble que Nicolas Sarkozy ait besoin d'une présence tutélaire pour conforter l'affectif qu'il est.

Décidément, même au sommet, Nicolas Sarkozy n'arrive pas à dérider Dadu. À Pékin où elle accompagnait son fils, elle n'avait pas hésité à répondre avec son humour parfois vachard au président chinois qui la complimentait sur sa progéniture : « *Oh,*

---

[1] 1er décembre 2007.
[2] Grasset, janvier 2007.

mais vous savez, j'ai deux autres fils qui sont très bien aussi ! »
Las, Nicolas Sarkozy qui a offert sa chambre à sa mère dans
l'Airbus présidentiel en direction de Pékin, est remis à sa place
devant le dirigeant du pays le plus peuplé de la planète.

Une fois mariés, les relations entre la belle-fille et la belle
famille évolueront vers davantage d'union et de concorde. C'est
à Carla que l'on doit cette mutation. Selon un très proche du
couple, « *Carla n'est pas comme Cécilia. Elle est très mama
italienne, elle a l'esprit de famille, entourée des tatis, des
enfants. D'ailleurs, c'est elle qui pousse Nicolas à s'occuper
davantage de Louis. Elle veut que par avocat interposé soit notée
la garde de Louis, pour qu'il soit présent en même temps que son
fils, Aurélien.* »

Et puis, tout le monde le constate, Carla apaise le président,
exerce sur lui une influence bénéfique. Elle lui manifeste des
gestes d'affection et de tendresse publiquement, ce qui était
rarement le cas de Cécilia. Ces gestes le rassurent. Sur le plan
familial, Carla a entamé la conquête de tout le monde. Dadu
trouve Nicolas rasséréné. Jean et Pierre, les deux fils de Nicolas
Sarkozy nés de son premier mariage, l'adorent. Elle les apprécie
en retour. Cécilia détestait Jean. Concernant Guillaume, le frère
aîné de Nicolas, cela commence à s'arranger. Avec François,
marié avec Sophie, grande amie de Cécilia, c'est plus
compliqué. Mais Carla est confiante. Elle a toute la vie pour les
apprivoiser. Quand on lui demande si elle a réconcilié Nicolas
avec son frère cadet, elle objecte : « *Ils n'étaient pas brouillés,
mais ils ne se voyaient pas souvent depuis longtemps. Vous
savez, quand on a des frères et sœurs, c'est compliqué, les
histoires de famille, ça remonte tellement loin... Moi, je voulais*

voir son frère, nous avons déjeuné tous les deux. Et voilà, il n'y a rien d'extraordinaire... »[1] Sinon que François a repris le chemin de l'Élysée.

Des mariés sans mariage !

En déplacement au Qatar, le 15 janvier 2008, le président de la République refuse tout d'abord d'évoquer les rumeurs de mariage avec Carla Bruni. Avant de se laisser aller, détendu au bar de l'hôtel, à quelques considérations sur leur relation. Un des journalistes présents nous confirme la scène reprise le lendemain dans *Le Parisien* : « *Ne comptez pas sur moi pour confirmer ou pour infirmer. Ma réponse, c'est : pas de commentaire. Quand j'aurai quelque chose à dire, je le dirai. Arrêtez donc de vous intéresser à ma vie privée.* » Le chef de l'État se présente comme une victime de la « pipolisation » de la vie publique. En 2007, l'effet Sarkozy a fait vendre plus de cent dix millions d'exemplaires de magazines, selon *Le Monde* du 7 mars 2008. Les sept hebdomadaires répertoriés par l'OJD, l'organisme qui certifie la diffusion des titres de presse en France, ont vu leurs ventes augmenter de 6,77 % en 2007, soit une moyenne de quatre-vingt mille exemplaires de plus vendus chaque semaine par rapport à l'année précédente. Le numéro de *L'Express* de février 2008 qui affiche en une l'interview exclusive de la nouvelle première dame de France avoisine six cent mille exemplaires diffusés. Un record historique. « *Samedi, à Paris, nous sommes allés au restaurant avec Carla. À la sortie, il y avait trois cents personnes devant la porte ! J'aurais préféré qu'il n'y*

---

[1] Conversation avec les auteurs.

en ait que trente... » explique Nicolas Sarkozy. « *Moi mille* » rétorquera devant une amie, en écho, Carla lisant les propos de son mari. Évoquant une nuit passée chez l'ancienne *top model*, le président de la République affirme : « *Le matin, il y avait quatre paparazzis qui avaient planqué là toute la nuit. Je suis allé les voir pour leur demander : ça sert à quoi ?* » Il évoque également les quelques jours passés à Charm al-Cheikh, en décembre 2007. « *On allait sur la plage et les gens venaient nous photographier. Et ensuite, ils vendaient les photos !* » Quant à savoir s'il pense que cette hypermédiatisation peut s'arrêter, le président de la République répond, sourire aux lèvres : « *J'étais le ministre de l'Intérieur dont on parlait le plus et maintenant je suis le président dont on parle le plus. Qu'est-ce que je peux faire ?* »

Jeudi 10 janvier 2008, les salles de rédaction bruissent de potins dont certains distillés par l'Élysée sur un mariage imminent. En début d'après-midi, la rumeur court dans tout Paris : Nicolas Sarkozy et Carla Bruni sont en train de se dire « oui » à la mairie du XVIᵉ arrondissement. Sur place, les journalistes font vainement le pied de grue. La salle des mariages est occupée par d'anciens combattants ! Harcelé, le service de presse de l'Élysée ne dément ni ne confirme l'existence de cette cérémonie, se contentant de dire qu'il s'agit de la « *vie privée* » du président. Jointe par le site *nouvelobs. com*, Carla Bruni affirme n'avoir pas bougé de chez elle. Elle travaille à un nouveau morceau adapté d'un lied de Schumann pour en faire une chanson sur son prochain album. L'information ne sera guère reprise. Johnny Hallyday en personne est victime de ces faux bruits. Il téléphone au président pour s'inquiéter de n'être pas invité ! Une de ses amies journalistes vient d'envoyer au rocker un SMS lui annonçant la bonne nouvelle. Amicalement éconduit par le président, l'interprète de *Gabrielle* rappelle son informatrice pour lui dire que son tuyau était percé ! Il ne sera pas le seul à se faire piéger. Un ex-compagnon de la chanteuse est lui aussi tombé dans le panneau. Il a appelé quelques amis proches pour annoncer la... fausse nouvelle ! L'Élysée n'est pas mécontent que la rumeur enfle et se propage. Interrogé l'après-midi même alors qu'il accompagne le président dans le Golfe, son conseiller en communication, Franck Louvrier déclare : « *Cette information relève de la vie privée de Nicolas Sarkozy et je n'ai aucun commentaire à faire.* » Une déclaration reprise par David Martinon, le toujours porte-parole de l'Élysée. Cette fin de non-recevoir ne rassure pas les journalistes. La formulation n'est pas sans rappeler les propos des services de l'Élysée lors de l'annonce de la séparation entre le président Nicolas Sarkozy et Cécilia. « *En matière de rumeurs, il n'est pire ennemi que le silence* » tranche un sociologue des médias.

Lundi 14 janvier, rebelote ! Nicolas Sarkozy et Carla Bruni se seraient bien mariés jeudi, pas à la mairie du XVIᵉ arrondissement de Paris, mais à l'Élysée ! Cette fois-ci ce n'est ni un bloggeur fou ni un site étranger qui l'affirment mais le très sérieux quotidien *L'Est Républicain*[1]. Le journal cite une « *source proche d'un témoin ayant assisté à leur union* ». Le fameux homme qui a vu l'homme qui a vu l'ours ! L'auteur de l'article explique qu'« *à partir du moment où l'on décide de publier, c'est que nous avons de bonnes raisons de le faire. Mais c'est au conditionnel*

---

[1] À qui l'on doit, sous la plume du journaliste Yves Derai, deux entretiens exclusifs de Cécilia Sarkozy en septembre et octobre 2007.

car je n'étais pas personnellement à la cérémonie ». En tout cas, le président, en tournée au Moyen-Orient, sans Carla Bruni, ne porte pas d'alliance, constate le journaliste de l'AFP qui suit les déplacements présidentiels. À dix-neuf heures trente ce lundi 14 janvier 2008, Nicolas Sarkozy et Carla Bruni n'étant toujours pas mariés – rien à la mairie du XVIᵉ, rien à celle du VIᵉ – on constate une certaine agitation à la mairie de Levallois. Levallois, ville dont le maire est un ami du chef de l'État, l'inénarrable Patrick Balkany. Et voilà les paparazzis repartis à la chasse au scoop. Selon un journaliste de *liberation.fr* dépêché sur place, des agents de sécurité filtrent l'entrée. Un mariage va-t-il être célébré ? Non, il s'agit seulement de la cérémonie des vœux du maire… *« Il y a de fortes chances pour que vous l'appreniez quand ce sera déjà fait »* avait plastronné le nouveau divorcé. Une manière habile de mettre la presse au défi.

Il faudra plusieurs jours et plusieurs témoignages de bonne foi pour que cesse cette rumeur. François Fillon refuse au Grand Jury RTL-LCI-*Le Figaro* d'entrer dans le débat sur la vie privée de Nicolas Sarkozy. Et si les affaires de cœur de Nicolas Sarkozy font *« hélas »* régulièrement la une de l'actualité, il estime que les Français savent *« faire le tri »* et que cela *« n'altère »* en rien son image. Les sondages vont très vite lui donner tort. Interrogé, cette fois par l'AFP, en marge de sa présentation des vœux, le 15 janvier 2008, pour savoir s'il a été invité au mariage du président ou s'il est au courant d'une telle cérémonie, François Fillon répond par deux fois *« non »*. *« Franchement, l'emploi du temps de jeudi me paraît peu compatible avec vos rumeurs »* pronostique-t-il. Ce jour-là, Nicolas Sarkozy a reçu à l'Élysée le chef du gouvernement espagnol, José Luis Rodriguez Zapatero, avant de présider une cérémonie de vœux aux militaires et aux anciens combattants. « *Moi, je ne me suis pas marié jeudi, je vous le promets* » a-t-il ensuite plaisanté.

Dans une interview à la radio publique italienne RAI, Marisa Bruni, la mère de Carla Bruni, dit ignorer si sa fille a épousé Nicolas Sarkozy : « *Je ne le sais pas. Si je le savais, je vous le dirais. Je la vois tous les jours, elle ne m'a rien dit. Tout est possible mais il me semble que l'Élysée l'aurait annoncé.* » Le témoignage de la future belle-mère et du Premier ministre ne suffit visiblement pas à faire taire les sceptiques. Le conseiller spécial de Nicolas Sarkozy, Henri Guaino, s'en mêle : « *Je crains que cette curiosité malsaine et obsessionnelle des médias ne soit exactement le contraire, pour moi, du progrès et de la civilisation* » déclare-t-il sur France 2. Il poursuit : « *Je n'ai pas vu le chef de l'État porter une alliance.* » Quant à savoir s'il s'est effectivement marié, la « plume » du président répond, visiblement énervé : « *Je n'en sais rien, et ce n'est pas mon problème* [...] *Quand il jugera bon de dire aux Français "voilà, j'ai épousé telle ou telle personne dont je suis amoureux", eh bien il le dira, c'est un problème personnel. Vous regarderez ses mains* ».

Préoccupation franco-française ? Carla Bruni est une star planétaire et Nicolas Sarkozy un président qui bouscule les traditions. « *Mariés ou non ?* » s'interroge, à son tour et en boucle, la chaîne d'information américaine, CNN. Le sujet est diffusé entre la visite de George Bush en Arabie saoudite, le dernier attentat au Liban et les primaires aux États-Unis. Même la présentatrice de la météo y va de son commentaire personnel sur la question. L'Italie, terre natale de Carla Bruni, n'est pas en reste. Le couple, affirme l'agence italienne Ansa, sans citer de source, aurait même prévu de se rendre prochainement près de Vérone, vallée vinicole du Valpolicella, à San Vito di Negrar où des chambres à l'hôtel La Magioca auraient été réservées au nom de l'ex-mannequin. Le couple en voyage de noces dans la ville de Roméo et Juliette ! Contacté par l'agence de presse Reuters, un membre du personnel de cet établissement, visiblement excédé, répond que le directeur n'est pas là et raccroche. Le président en personne livre à des proches son programme en la matière : « *Quand le mariage aura été prononcé une dépêche sera adressée à l'AFP dans les délais les plus brefs. Et puis, chacun pourra alors constater que je porterai une alliance...* » Tous veulent se persuader du contraire. Il agira pourtant ainsi, le jour J.

L'autre demande en mariage

Carla prévient son fiancé qui la presse de demandes et de cadeaux : « *Il n'y a qu'une seule personne qui peut accorder son consentement pour que je me marie, c'est mon amie Marine Delterme.* » Marine Delterme est comédienne et partage la vie de l'écrivain Florian Zeller. Le couple est intime de la famille Bruni Tedeschi. Un jour de novembre, Marine Delterme et un groupe d'amis, tous liés à Carla Bruni, dînent dans un restaurant parisien. Soudain, le portable de Marine sonne. C'est Nicolas Sarkozy au bout du fil. Le président de la République demande officiellement la main de Carla Bruni à son amie ! Interloquée, la comédienne raccroche, réservant sa réponse. Elle consulte les autres convives de la table. Un conseil des amis s'improvise alors. Chacun donne son avis. Certains se montrent ouvertement sceptiques. D'autres espèrent pour l'ex-mannequin qu'il se montre « vraiment amoureux. » Selon une amie très proche de Carla Bruni, non présente à cette soirée, la nouvelle idylle de Carla la transforme. « *Elle n'a jamais été aussi touchée avant. Elle est très amoureuse* » dit-elle. Toujours est-il que le soir même, Marine Delterme donne son accord, mi-sérieuse, mi-amusée… Carla Bruni accepte de devenir la troisième épouse de Nicolas Sarkozy

Des racines et du zèle

Une fois la liaison officialisée en décembre 2007, Carla Bruni se confie de nouveau à son coiffeur lors d'une autre séance, un mois environ avant son mariage.

« *Nous allons nous marier, je l'aime.* »

Elle sait donc fin décembre début janvier que cette relation n'est pas un feu de paille. Elle a certainement déjà dit officieusement oui en Égypte à la demande du président. Pendant qu'elle se fait coiffer, elle reçoit un coup de fil qui semble la surprendre. À la fin de cette brève conversation, elle demande :

« *Dites-moi Jérôme, ils veulent que je prenne un garde du corps, moi je n'ai pas très envie. Qu'est-ce que vous en pensez ?*

– Il vaut mieux prévenir que guérir tout de même !

– Vous avez raison. Par exemple, l'autre fois j'étais à un feu rouge, je me suis fait huer ! »

Maintenant que Carla Bruni est à l'Élysée, Mathias le coloriste, lui, n'a qu'une seule crainte : qu'elle déserte le salon. « *Il y en a plein dans le groupe Dessange qui veulent la récupérer. Ils essaient de connaître ma formule pour ses cheveux mais je ne la donne à personne. Elle veut être naturelle et elle aime ce que je fais. Bon, maintenant je ne sais pas si elle va continuer à venir chez nous... »*

Le service de protection des personnalités a eu son mot à dire. Depuis son mariage, Madame Carla Bruni-Sarkozy n'est plus cliente de ce salon de coiffure parisien.

Le vendredi 1er février 2008, Carla se rendra, une dernière fois, à son salon de coiffure habituel, avec sa demi-sœur, Consuelo, qui vit à New York, et la femme de son père biologique, Marcia de Luca, qui vit au Brésil. Cette fois-ci, deux discrets gardes du corps accompagnent la jeune femme. L'un en costume bleu marine fait les cent pas sur le trottoir devant le salon, l'autre, habillé en jean et en blouson, est posté devant le magasin de surgelés, un peu plus loin en face. Carla Bruni d'habitude détendue et souriante semble stressée. Son portable ne cesse de sonner. Dans le salon, la famille américano-brésilienne capte l'attention. L'événement pour lequel elle s'apprête n'est pas anodin. Carla doit épouser le lendemain Nicolas Sarkozy. Mais hormis le tout premier cercle, personne dans le salon ni en France n'est au courant. Devant le miroir, Carla Bruni sait qu'elle amorce un virage important dans sa vie de femme et d'artiste. Même si elle soulignera dans sa première interview de première dame en février 2008 qu'avec « *Nicolas, ça a été immédiat* », Carla Bruni n'a pas été épargnée par les affres de l'indécision. La nuit du 31 décembre 2007, elle appelle au téléphone l'un de ses amis, Guillaume Durand, et craque : « *La pression est énorme*, confie-t-elle au journaliste. *J'ai peur de perdre tous ceux qui m'ont soutenue jusque là. J'ai mes entrées à* Libé*, aux* Inrocks. *Maintenant, je risque de tout* *perdre. Je n'arrive pas à trouver le sommeil.* » Manifestement, le sentiment amoureux a primé sur les considérations de carrière et d'image. Pendant que sa belle-mère brésilienne et sa demi-sœur se laissent coiffer, Carla se fait faire une couleur. « *Je voudrais quelque chose de naturel car je ne veux pas que ça se voie* » chuchote-t-elle à l'oreille de Mathias. Carla Bruni, polie et bien élevée, a toujours un petit mot gentil ou une attention particulière pour le personnel du salon. En revanche, ce jour là, clients et personnels n'apprécient guère les manières hautaines de la belle-mère brésilienne et de la demi-sœur « *pas très sympa elle non plus* » confie-t-on. En feuilletant des magazines où Carla est à chaque page, la demi-sœur s'exclame : « *J'en ai marre de celle-là, on la voit partout !* » Humour, sans doute. Quoi qu'il en soit, Carla termine, dans la hâte, sa couleur. Elle part avec les deux autres femmes, les cheveux mouillés…

Discrétion et indiscrétions

S'il en est un pour qui le mariage tombe mal, c'est bien le député de Paris, Pierre Lellouche. Candidat à la mairie du VIIIe arrondissement de la capitale, il s'est fait brûler la politesse par son principal rival de droite, le maire sortant UMP François Lebel qui mène une liste dissidente pour les élections municipales des 9 et 16 mars. Ce dernier vient en effet d'unir, pour le meilleur et pour le pire, Carla Bruni à Nicolas Sarkozy. Un brin espiègle, l'édile parisien confie même que le chef de l'État, à l'issue de la cérémonie, lui a souhaité bonne chance pour les municipales. « *Je ne mélange pas les sujets, bien que je m'adressais à ce moment-là à deux électeurs potentiels du VIIIe arrondissement. Je ne leur ai pas demandé s'ils allaient voter* *pour moi. Je l'espère vivement, c'est tout »* déclare-t-il sur RTL[1]. Pierre Lellouche fulmine.

Invités, témoins, maire et membres de la famille ont protégé le secret pendant au moins dix jours. Le temps nécessaire aux administrations italienne et française de renvoyer les documents obligatoires. Toutes les personnes présentes ont fait le serment de se taire, respectant – sauf une – la demande expresse des futurs mariés. Nicolas Sarkozy aura tout fait pour brouiller les pistes… Vendredi 1er février, son agenda prévoit qu'il sera le lendemain à Creil dans l'Oise, à onze heures, pour une visite à la base militaire aérienne 110. Vendredi soir à vingt-trois heures, au terme d'une réunion liée à la crise du Tchad, il annule cette visite qui n'était qu'un « leurre ». En fait, depuis huit jours, le mariage est bel et bien programmé le 2 février, à l'Élysée, et à onze heures très précisément.

Le communiqué officiel de la présidence de la République tombe à dix-huit heures trente : « *Madame Carla Bruni Tedeschi et Monsieur Nicolas Sarkozy annoncent qu'ils se sont mariés ce matin, en présence de leurs familles, dans la plus stricte intimité.* » Mais la France le sait déjà depuis le milieu de la journée ! Ce communiqué a bien failli ne pas voir le jour. Catherine Pégard, la conseillère spéciale, à l'issue de la cérémonie, soumet au président un communiqué. Il la renvoie dans les cordes : « *Pas besoin de communiqué, tous ces cons, j'en ai rien à foutre* » lui lance-t-il. Le marié aurait dû être de bonne humeur mais il ne digère pas les articles très critiques qu'il lit sur lui et son couple depuis des semaines.

---

[1] 2 février 2008.

Quelques jours avant ce mariage, un invité de premier rang qui a voulu garder l'anonymat puisque, comme à tous les autres hôtes, on lui a demandé de ne pas trahir ce secret, nous prévient de l'imminence de la cérémonie. Nous lui promettons à notre tour de ne rien révéler des coulisses de ce mariage avant la sortie de cet ouvrage, à la seule condition qu'il nous le raconte par le menu. Voici le récit inédit à ce jour de la cérémonie de mariage de Carla Bruni et Nicolas Sarkozy vue de l'intérieur, enrichi par nos soins d'autres témoignages et compléments d'informations glanés ici et là.

« *Je suis informé du mariage depuis une dizaine de jours. Le jour J, on a reçu consigne d'éviter les paparazzis et les cameramen. Depuis le matin ils font le pied de grue devant le 55 rue du Faubourg Saint-honoré, l'entrée principale de l'Élysée. Pour tromper ceux qui sont en planque, la voiture du président sort de l'Élysée peu avant dix heures par le faubourg Saint-Honoré. On n'a pas assisté à ce stratagème mais un des invités arrivé plus tôt que nous nous en parle, ce qui nous fait sourire.*

« *Les rideaux sont tirés quand nous arrivons, vers dix heures quarante-cinq, par la porte de l'avenue Gabriel, la grille du Coq. C'est la première fois que je viens à l'Élysée. Un homme en livrée raye au Stabilo rose les noms sur une liste au fur et à mesure des arrivées. Le maire, François Lebel, que je croise dans la cour et que je n'avais jamais vu auparavant tient sous le bras son écharpe de maire et une mallette avec le registre d'état- civil et le livret de famille. Le procureur de la République de Paris, Jean-Claude Marin, a, à la demande de l'Élysée, veillé à ce que tout se déroule dans les règles. Une dispense de publication des bans a été accordée, comme le requièrent parfois des célébrités*

*soucieuses d'incognito, de même qu'une dérogation indis-
pensable à la tenue de la noce hors les murs de la mairie. Ce qui a
été consigné dans l'acte de mariage. Un conseiller de Nicolas
Sarkozy s'est rendu dès le jeudi 24 janvier dans le cabinet du
maire de l'arrondissement afin de mettre au point les formalités
administratives, remettant deux documents cruciaux pour le
mariage : l'un confirmant l'extrait de naissance de Carla Bruni à
Turin et le deuxième prouvant, donc, sa nubilité. Ces deux
documents envoyés par le consulat de France à Turin arrivent
juste à temps pour le bon déroulement du mariage.*

*« Nous nous retrouvons dans une salle de réunion de style
Louis XV au premier étage du palais présidentiel donnant sur le
parc. À peine trente mètre carrés. Nous sommes un peu moins
d'une trentaine de personnes. Je suis déçu, il n'y a pas Jacques
Séguéla. Le futur couple présidentiel en avait-il assez de ses
commentaires sur leur relation, même s'ils restent très amis et
qu'il a été tenu informé de ce mariage ? Sa femme Sophie en tout
cas est là. Et ils seront tous les deux le soir à La Lanterne.*

*« Deux sous-mains en cuir rouge sont posés sur une grande
table recouverte d'un tapis vert. Face aux deux futurs mariés postés
devant lui – la mariée est en robe Hermès – dessinée par Jean-Paul
Gaultier, ourlée à la hauteur des genoux d'un galon bleu marine de
dix centimètres de largeur et le président en costume cravate
sombre, le maire, avec l'écharpe tricolore, ne prononce aucun
discours. Il dit que le président de la République est plus doué que
lui pour cet exercice. Le maire fait remarquer l'absence de portrait
du chef de l'État mais ne s'en formalise pas. C'est vrai, dans cette
salle élyséenne – la salle verte – aucun portrait du président de la
République n'est accroché aux murs de la pièce.*

« *"J'ai le modèle en face de moi", lance le maire. L'assistance sourit. Carla a l'air ému. La tête légèrement inclinée, ses cheveux lui cachent son regard. Il n'y a pas de lecteur ou de lectrice. C'est le maire qui lit la totalité des articles sur les obligations respectives des époux, les documents d'état-civil des mariés et les témoins.*

« *La mère, Andrée, le père, Pal, sa fille, demi-sœur du président, son frère, Guillaume, et les deux fils aînés du président assistent à la cérémonie. Louis est absent. C'est le week-end de garde de sa mère, Cécilia. Je reconnais les témoins de Nicolas Sarkozy, Nicolas Bazire, ami depuis quinze ans, est l'un des dirigeants du groupe de luxe LVMH, et était entre 1993 et 1995 directeur de cabinet, puis de campagne de l'ancien Premier ministre Édouard Balladur. Nicolas Bazire est l'un des conseillers officieux du président. Et, surprise, Mathilde Agostinelli, chargée de la communication de la maison de couture Prada France et ex-amie de Cécilia. Je parie que l'ex-première dame ne lui pardonnera pas cette nouvelle trahison. Elle est l'épouse d'un banquier franco-italien Roberto Agostinelli et aussi la sœur de Victoire de Castellane, styliste – c'est elle qui a créé la bague offerte par Nicolas Sarkozy à Cécilia ex-Sarkozy et Carla Bruni.*

« *Les témoins de Carla sont le musicien Julien Civange, qui, à seize ans, a assuré les premières parties de David Bowie, Simple Minds et les Rolling Stones. Aujourd'hui, il écrit et compose pour le cinéma et le théâtre. Et Farida Khelfa, ancien mannequin, styliste, ex-femme du photographe Jean-Paul Goude, elle fut l'égérie de Jean-Paul Gaultier. Actrice, on l'a aperçue dans* Le scaphandre et le papillon.

« *Carla Bruni est entourée de ses parents : sa mère, Marisa Borini, sa belle-sœur, Isabelle, veuve de son frère Virginio, son père biologique, Maurizio Remmert, accompagné de son épouse Marcia de Luca et de sa fille, Consuelo. Et aussi sa sœur, Valeria, le comédien Vincent Perez, son ancien compagnon – elle est la marraine de l'un de ses enfants – et son agent et producteur, Bertrand de Labbey. Il y a aussi Marine Delterme, témoin de Carla elle aussi, et Florian Zeller, sa tante Gigi et une amie de jeunesse de Carla, Johanna Fath. Cette dernière est, dit-on, la quatrième témoin de la mariée. Puis d'autres personnes que je ne connais pas. Carla aura en tout quatre témoins.*

« *Nous sommes enfin tous réunis et Nicolas Sarkozy nous a rejoints aux environs de onze heures. J'apprends que dès neuf heures, le président a tenu dans son bureau voisin une réunion sur le conflit au Tchad avec, entre autres, le ministre de la Défense, Hervé Morin, et le ministre des Affaires étrangères, Bernard Kouchner. Vers dix heures, il quitte donc l'Élysée feignant de se rendre au siège de l'UMP. Il change de costume et arrive dans la salle du mariage. L'un des fils Sarkozy prend des photos. Il n'est pas le seul car j'aperçois une amie de Carla, avec un appareil jetable, en prendre elle aussi, mais discrètement. Les verra-t-on bientôt publiées par un magazine* people *? On a l'impression de participer à une cérémonie interdite. Tout est très rapide et dure à peu près une demi-heure. Après l'échange des alliances et pendant que les mariés s'embrassent, on les applaudit. Sur une table, pour le cocktail presque de fortune, on a le choix entre du champagne et du jus d'orange. Mais nous sommes prévenus, la fête se déroulera dans l'après-midi à La Lanterne.*

D'autres choses m'ont frappé : le maire n'a pas dit, selon la formule "dans la maison commune" mais "dans le palais de l'Élysée." Et il a déclaré qu'un contrat de mariage a été établi. Le maire arbore un grand sourire et il glisse à Nicolas Bazire que les époux et les témoins ont signé des actes qui sont désormais, c'est historique, dans le Livre d'état-civil de la mairie du VIIIe. Une cérémonie aussi rapide que le coup de foudre présidentiel.

« "Votre fille, en deux minutes, j'ai su que c'était la femme de ma vie" a confié le président à sa future belle-mère. À l'issue du mariage, Marisa file rejoindre son petit-fils, Aurélien, souffrant.

– "C'est faux. Le père, Raphaël, a refusé qu'il soit présent !" rétorque devant moi une amie de Carla. Je ne sais pas quoi penser. Il faut que j'aille me changer avant de filer à La Lanterne. »

À propos de cette dernière information, l'absence d'Aurélien, fils de Carla et Raphaël, au mariage à l'Élysée, une tierce personne, elle aussi invitée, nous confirme la version de la mère de Carla : oui, Aurélien était absent parce qu'il était souffrant.

La réalité, version Carla Bruni, est plus prosaïque. *« C'était le week-end de son père. On essaie tous les deux de ne pas bousculer le planning, surtout pour Aurélien. Il est encore très jeune. Et puis, honnêtement, je n'aurais pas pu m'occuper de lui à ce moment précis. Aurélien, comme tous les enfants quand leur mère ne s'occupe pas d'eux à 100 %, c'est des bouderies. Et puis le mariage a été très précipité, ça a été improvisé tout ça. »* Elle se reprend pour qu'il n'y ait pas la moindre confusion *« Pas le mariage, la date du mariage... »*[1]

---

[1] Conversation avec les auteurs.

Le mariage n'adoucit pas les rancœurs à droite. Le grognard de la chiraquie, Jean-Louis Debré, continue d'utiliser le Conseil constitutionnel comme plate-forme de tir contre Nicolas Sarkozy. En guise de cadeau, il réserve au président une charge violente. Le lendemain, dimanche, Jean-Louis Debré, évoquant la vie privée de Nicolas Sarkozy, juge sur Radio J, « *qu'à partir du moment où* [vous] *avez reçu une mission du peuple, quelle que soit cette mission, il y a une certaine tenue à avoir* ». Et d'ajouter : « *Il faut faire attention à ne pas désacraliser les fonctions officielles, quelles qu'elles soient, quel que soit le titulaire.* » Lendemain de fête difficile. Nicolas Sarkozy qui s'est accordé avec son épouse le plus court voyage de noces de l'histoire matrimoniale – une balade dans le parc du château de Versailles – est furieux. Il donne pour consigne à Claude Guéant de répliquer. Le soir même, le secrétaire général est l'invité d'Europe 1. « *Le Conseil constitutionnel a pour mission de vérifier la conformité des lois. Je ne savais pas qu'il était chargé d'être l'arbitre des comportements dans ce pays* » ironise-t-il. « *Un président du Conseil constitutionnel doit observer une réserve absolue sur la vie politique et sur les acteurs de la vie politique* » souligne de son côté le président de l'Assemblée nationale, l'UMP Bernard Accoyer sur LCI. Les deux anciens Premiers ministres Jean-Pierre Raffarin et Édouard Balladur, interrogés eux aussi, reprochent également au président du Conseil constitutionnel d'être sorti de son devoir de réserve. Pour l'Élysée, les choses sont claires : une nouvelle campagne contre Nicolas Sarkozy est en gestation. Ceux qui la prédisent n'ont pas tort. L'hebdomadaire *Marianne* prépare dans son numéro de la mi-février une violente charge contre le chef de l'État signée de dix-sept personnalités de tout bord, « *un appel républicain pour une vigilance républicaine* ». À situation exceptionnelle, rassemblement inédit !

Pour l'heure, hormis la sortie de Debré, au palais, on n'est pas mécontent de la sobriété, voire de l'austérité qui a prévalu tout au long de ce mariage. À l'UMP, dans les rangs des ministres et des députés, on espère, avec soulagement, que ce dernier acte marque la fin de la « parenthèse *people* » du président. Claude Guéant, le secrétaire général de l'Élysée, ne dit pas autre chose sur Europe 1 : « *La situation est clarifiée. Les choses vont devenir plus naturelles.* »[1] Quant à son épouse, « *il va falloir lui mettre un oreiller sur le visage* » suggère en termes peu élégants ce très proche et très ancien compagnon de route du président. Carla doit selon cet éminent personnage retourner à ses chères études musicales, les dégâts étant suffisamment catastrophiques sur l'opinion. S'il savait que, justement, le salut *médiatique* de ce début de quinquennat passerait par elle…

Marisa, la mère de Carla, toujours fort diserte, verse une larme. « *Je suis très heureuse pour ma fille et aussi pour le président bien sûr. Nous étions tous informés de la date depuis quelques jours, mais nous étions tenus au secret.* » Carla va-t-elle supporter cette nouvelle vie ? « *Elle ne se rend pas compte de tout ce qui l'attend, quand on n'est pas de ce monde-là. En plus elle, si indépendante…* » confie une amie très proche de la mariée.

Malgré ce mariage dans la discrétion, le bonheur du président n'a guère d'effets contagieux sur le moral des Français : l'Insee sort en ce début d'année 2008 le pire indicateur du moral des

---

[1] 3 février 2008.

ménages depuis 1987. Ce samedi 2 février 2008, après leur mariage, Nicolas Sarkozy et Carla Bruni, séparément et à quelques heures d'intervalle – Carla à quinze heures et Nicolas dix-sept heures, pour cause d'agenda chargé – filent tout droit à La Lanterne, résidence secondaire du chef de l'État à Versailles, autrefois réservée au Premier ministre et située au bout du parc du château. Le président y a mûri plusieurs grandes décisions : la formation du gouvernement, les réformes. Mais aussi des moments plus intimes et privés. Comme ce premier week-end avec Carla Bruni, le 8 décembre 2007 ou l'anniversaire de l'ancien mannequin, le 23 décembre.

Ici, la discrétion est absolue et protégée par cinq cars de CRS, stationnés en permanence le long des murs d'enceinte. La nouvelle première dame de France arrive en Renault Espace, le chef de l'État dans sa C5 présidentielle. Le tout jeune couple a passé sa nuit de noces sur place après avoir donné une réception le samedi soir. *« Un dîner en petit comité, sans esbroufe, mais un vrai repas de noces »* confie un des rares invités. On y sert une fondue savoyarde, l'un des plats préférés du président. Vincent Perez a dansé avec son « ex », sur des airs de piano, car il n'y a pas d'orchestre, avant de retourner vers minuit, la soirée terminée, avec sa femme et une amie dans sa maison toute proche. On compte les mêmes invités qu'à la cérémonie officielle à l'Élysée avec en plus Rachida Dati, François Baudot, écrivain et journaliste, parrain d'Aurélien, Alain Minc et son épouse, Agnès Cromback, présidente de Tiffany France et son mari ainsi que le comédien Christian Clavier. Valeria offre aux mariés une édition rare de la fameuse Bible illustrée par Gustave Courbet. Et la première épouse de Nicolas Sarkozy, Marie-Dominique, s'est fendue elle aussi d'un cadeau de mariage. Cécilia, à notre connaissance, n'a pas transmis ses vœux de bonheur au nouveau couple.

Nicolas Sarkozy et Carla Bruni se promènent dimanche 3 février après-midi dans les allées des jardins de La Lanterne, accompagnés de Maurizio Remmert et de son épouse Marcia de Luca qui ont passé la nuit sur place. Tous gagneront l'Élysée en fin de soirée. Seule concession *people* à la sobriété de la cérémonie : les nouveaux mariés s'affichent en terrasse de la brasserie La Flottille, à Versailles, un café et un thé à table, lui au téléphone, le nez chaussé de Ray Ban ; elle, la tête posée sur son épaule, les yeux clos, devant une foule compacte retenue par les gardes du corps. Sur la route du retour, la nouvelle première dame de France appelle Pierre Charon sur son portable et lui lance, non sans humour, comme pour résumer ses trois premiers mois d'intimité avec le président : « *Ils sont dingues, c'est un monde de fous, je vais partir avec ma guitare !* »

Il n'y eut pas de véritable voyage de noces pour les deux amoureux. On l'annonce pour le mois d'août, en France, « *quand le temps des vacances sera venu* » croit savoir Jacques Séguéla. Pour la troisième fois, le publicitaire commente à la radio au micro de Marc-Olivier Fogiel ce mariage auquel il n'a pas assisté. Le fils de pub confie à l'animateur qu'il était dans la confidence. « *Il y a une dizaine de jours, on a dîné avec eux à l'Élysée, avec Sophie. Ils nous ont annoncé que ça serait dans la plus stricte intimité. Ça devait comme ça étouffer toute pipolisation dans l'œuf.* »[1] Au même moment, Nicolas Sarkozy se rend à l'usine ArcelorMittal de Gandrange, en Moselle. « *Gandrange comme voyage de noces, y a pas mieux* » ironise le président, juste avant de s'envoler pour la

---

[1] 4 février 2008.

Roumanie avec un invité personnel, le père biologique de sa nouvelle épouse. Triste ironie du sort, tandis que Carla Bruni devient française par son mariage, Nicolas Sarkozy chute de treize points dans les sondages !

Partout dans le monde et particulièrement en Italie, pays d'origine de Carla Bruni, l'union présidentielle figure en première page des journaux. *Il Corriere della Sera* écrit : « *Il y a une nouvelle first lady à l'Élysée. Une étrangère. Non pas parce qu'elle est d'origine italienne, mais parce que c'est une chanteuse, un mannequin, avec ses propres ambitions. Cela est aussi une touche soixante-huitarde chez un président conservateur.* »[1] Le mercredi 6 février, devant le conseil des ministres, le président, l'air enjoué, se lève puis s'adressant à chacun d'entre eux, lance à ses ministres : « *Je ne vais pas vous annoncer la nouvelle… Je sais que certains d'entre vous n'osent pas m'en parler, moi-même je n'ai pas évoqué la question avant, ce n'est pas faute d'avoir été tenté de le faire, mais la discrétion était nécessaire, c'est pour cela que je ne vous ai pas invités, mais je voulais partager avec vous un moment de bonheur* » rapporte la journaliste Anna Bitton dans *Le Point*.

Clin d'œil à l'histoire, Nicolas Sarkozy est, après Gaston Doumergue, le deuxième président français à se marier en cours de mandat, et le second aussi, après Raymond Poincaré, à épouser une Italienne.

Les paroles s'envolent

Carla Bruni a dit oui ! L'explosive Italienne qui confiait au *Figaro Madame*, moins d'un an avant son mariage, le 17 février

---

[1] 4 février 2008.

2007, « *s'ennuyer follement dans la monogamie* », celle qui reconnaissait dans *Gala*, le 2 mai 2007, que le mariage était « *un peu comme un piège, comme si on vous marquait au fer rouge* », la voilà elle, l'ex-*top model* devenue chanteuse à succès, unie par les liens sacrés du mariage. Madame Carla Bruni-Sarkozy, c'est ainsi qu'elle veut qu'on l'appelle désormais, franco-italienne, n'aura donc plus besoin de son passeport italien.

Ce que l'avenir réserve au nouveau couple présidentiel, personne n'est encore capable de le (pré)dire. On subodore tout de même que Carla ne sera pas une Madame Bovary languissante se laissant consumer par l'amour et mourir d'aimer. Pas davantage qu'elle sera une Pénélope attendant son Ulysse de mari. « *Pour moi ce qui compte, c'est l'indépendance. Ne pas dépendre d'un homme. C'est assez délicat parce que du coup on est deux garçons.* »[1] Ce que l'artiste aime, ce n'est pas tant l'amour que la conquête. Ainsi, quand on lui demande quel a été son premier chagrin d'amour, elle répond : « *Ça devait être une peine liée à l'indifférence des enfants : car ils tombent amoureux comme des fous, mais il n'y a jamais d'accomplissement. Toutes mes amours jusqu'à l'âge adulte, vers seize ans, étaient profondément décevantes dans le sens du non-résultat.* »[2] Elle le chante même, lorsqu'elle sort son premier album *Quelqu'un m'a dit* : « *L'amour ça ne va pas/c'est pas du Saint Laurent/Ça ne tombe pas parfaitement.* »

Intellectuels, rockers, acteurs, les conquêtes de Carla Bruni ont fait d'elle une habituée des journaux *people*. Pêle-mêle, on lui prête des liaisons avec Éric Clapton, Mick Jagger, Vincent Perez qui dira, en mars 2008, « *c'est désormais une amie* » et, en tête de liste,

---

[1] *Marie-Claire*, 4 janvier 2004.
[2] 7 février 2008.

Louis Bertignac. Carla est subjuguée par ce grand garçon dégingandé et surdoué de la guitare. La gamine de seize ans prend son courage à deux mains et va tout simplement frapper à la porte du guitariste vedette. C'est une gosse sublime, une fan, qui se présente à son domicile, près du périphérique un dimanche après-midi. Louis Bertignac se confie au *Figaro* : « *À l'époque, Carla était encore lycéenne. Elle et une copine ont réussi à se procurer mon adresse, mais j'avais déménagé entre-temps. Elles ont alors soudoyé la concierge pour qu'elle leur donne ma nouvelle adresse... Moi, j'ai craqué sur Carla instantanément, je la trouvais très belle, très intelligente, et surtout très timide.* » Il poursuit : « *Elle était super impressionnée ; elle m'a juste dit : "je veux passer un moment avec toi."* » Entre la jeune fille bien née et le guitariste bohème, enfant roi d'une famille de déracinés, de pieds-noirs d'Oran, c'est tout de suite l'entente malgré les différences. La lycéenne fait régulièrement le mur pour aller voir l'oiseau de nuit : « *C'était une époque incroyablement rigolarde, comme de rentrer soudain dans la chambre d'un garçon. C'était le bordel, un capharnaüm, on voyait qu'il n'avait pas de femme !* » se souvient la belle Carla[1]. Carla et Louis ont même habité ensemble « *un an ou deux* »[2]. Mais ceux-là ne sont pas faits pour vivre une histoire d'amour, leur registre c'est plutôt l'amitié amoureuse. « *Nous avons mieux réussi notre amitié, juge Carla Bruni. Ça s'est fait très rapidement après notre séparation. Et là, il n'y a pas une ombre.* »[3] Durant vingt ans, quand le garçon, pris dans les affres du célibat, ne va pas bien, Carla s'occupe de lui. Elle le materne comme une

---

[1] *Libération*, 14 février 2005.
[2] *Idem.*
[3] *Idem.*

mama italienne. En retour, quand c'est elle qui va mal, comme après l'arrêt de son métier de mannequin ou encore à la mort de son père, c'est toujours lui, Louis, qui est à ses côtés. Cette amitié défie le temps : « *Autant nous avons été des amoureux ratés, autant nous sommes des amis en béton* » insiste-t-elle[1].

Alors que sa carrière de *top model* bat son plein, Carla, entre deux défilés et deux coupes de champagne, rencontre, à vingt et un ans, un autre *guitar hero*, le déjà très célèbre Éric Clapton. Elle débarque dans sa vie alors que Clapton est à un moment crucial de son existence. Il l'évoque d'ailleurs sans détour dans son autobiographie. Nous sommes en 1989, Clapton essaie d'oublier sa vie en studio à New York. La star est à cette époque un homme totalement largué : alcoolique en rémission, il est marié à Pattie Boyd, ex-madame George Harrison, mais il multiplie les aventures et vient de faire un enfant illégitime, le petit Connor, à Lori del Santo, célèbre, elle, dans toute l'Italie, grâce à une émission télé. Comble de l'ironie, c'est par une amie de sa maîtresse, Lori, qu'il rencontre la jeune Carla Bruni. « *On commença à sortir ensemble et elle ne tarda pas à m'obséder* » raconte-t-il[2]. Mais les Rolling Stones débarquent en ville pour une tournée. Carla, qui est une de leurs fans, demande à son compagnon de l'emmener les voir. Clapton se souvient : « *J'ai dit à Jagger : s'il-te-plaît Mick, pas celle-là. Je pense que je suis amoureux.* [...] *Malgré mes supplications, quelques jours suffirent pour qu'ils entament une liaison clandestine.* » Carla Bruni, malgré les souffrances infligées, ne laisse jamais de souvenirs amers à ses amants. Éric Clapton n'accable pas son

---

[1] *L'Express*, 18 janvier 2007.
[2] *Clapton par Clapton*, Buchet Chastel, 2007.

ex-fiancée : « *À sa décharge, une fois la séduction accomplie, Carla n'avait pas cherché à me mener en bateau, et jamais elle n'avait exprimé de profonds sentiments à mon égard. Dans ma folie je m'étais convaincu qu'elle était la femme de ma vie.* »

Carla Bruni, à longueur d'interviews, n'a jamais changé de discours sur ses rapports à la fidélité, à l'amour. Comme le révèle donc Éric Clapton, elle passe des bras du guitariste à ceux du mythique leader des Rolling Stones, le sexy Mick Jagger. Un autre génie de la musique. Mick Jagger est encore marié au *top model* Jerry Hall, et Carla Bruni est officiellement la fiancée d'un beau gosse du cinéma français, Vincent Perez. Jerry Hall n'est pas du genre partageuse. Si elle tolère les incartades de son rockeur avec des *groupies* d'un soir, elle voit rouge quand il s'agit de Carla Bruni. Dès qu'elle a vent des rumeurs de liaison entre le mannequin et Mick, elle téléphone à Carla Bruni pour lui demander de cesser de voir son mari : « *Vous brisez une famille, vous faites le malheur de trois enfants !* » lui lance-t-elle.

Dans les années quatre-vingt-dix, Carla Bruni, à la silhouette longiligne et à la beauté froide, n'a pas séduit seulement des icônes rock. Un autre petit ami officiel de Carla n'est ni chanteur, ni guitariste, ni même comédien, mais il s'intéresse à tout, et il dérange aussi, comme Carla, c'est Arno Klarsfeld. Avocat, il a plusieurs cordes à son arc et refuse les étiquettes. Il est jeune, beau, célèbre et intelligent. Tout pour attirer la jeune femme. La rencontre a lieu en 1994 à bord du Concorde entre Paris et New York. Arno s'occupe alors de la tournée américaine de la pièce de Robert Hossein, *Jésus était son nom*. Leur histoire prend très vite une tournure médiatique. Ils font la Une de *Paris Match* lors d'un voyage à Venise en février 1995, posant dans le célèbre hôtel Danieli. Un voyage romantique mais aussi une croisade, Arno demande, en effet, que le musée du Louvre rende à Venise le tableau de Véronèse, *Les noces de Cana*. Carla l'italienne, fidèle à son image de mannequin intello, s'engage auprès de son compagnon dans cette bataille pour l'art. Ce qui la séduit chez Arno ? « *Je l'ai trouvé si différent, mystérieux, plein de charme ; il a une manière de voir les choses, de bouger, de s'exprimer... C'est vraiment un personnage cultivé, intéressant, hors du commun.* »[1] Arno, fou d'amour, lui retourne le compliment. « *Tout comme Venise, je la trouve sérénissime, élégante, envoûtante et intemporelle.* » À Venise, Carla se laisse aller aux confidences et raconte aux lecteurs de l'hebdomadaire leurs soirées romantiques : « *Nous ne sommes pas venus ici en simples amoureux. Mais le soir venu, lorsque Arno me guide sur les traces de Musset, de Lord Byron et d'autres amoureux célèbres, je me prends à rêver. Cette ville est un véritable pèlerinage dans le temps. Que ce soit au Florian, à la Fenice, à l'Accademia ou, ici, au Danieli, on entre dans l'histoire à chaque pas. Parfois, la nuit, je songe que je suis cinq siècles en arrière, dans la plus belle ville du monde, faite pour les amateurs d'art, les amoureux, les pigeons et les chats. Vivre ça avec Arno c'est magnifique.* » Leur histoire prendra fin en 1996, après deux années pas si sereines que cela. Carla Bruni est une Italienne au sang chaud, et de l'aveu même d'une amie très proche « *elle rentre dans des grandes colères, surtout avec ses petits copains. Moi, je serais elle, je mettrais un peu moins la pression à ce niveau-là, je serais un peu moins exigeante.* » Arno Klarsfeld, contacté par les

---

Paris Match, 23 mars 1995.

auteurs, n'a pas souhaité s'exprimer. « *Je ne parlerai pas de la femme du Duce* » glisse-t-il avec humour aux quelques proches qui le sollicitent. Selon des sources fiables, les deux anciens amants auraient passé un pacte le 31 décembre 2007. Elle l'aurait appelé pour lui proposer le marché suivant : « *Tu ne parles pas de moi, je ne parle pas de toi.* » Équilibre de la terreur ? En tout cas, à l'époque de leur liaison, on se souvient des fréquentes crises de colère piquées par Carla qui envoyait régulièrement valser les affaires de son chéri par la fenêtre de l'appartement parisien de la rue La Boétie. Il faut dire qu'elle en avait assez de voir son compagnon, devant la télé, avaler des documentaires animaliers !

La presse évoque aussi de façon plus officieuse une liaison avec Donald Trump : « *Il a cru me séduire avec ses dollars mais il s'est trompé,* a déclaré la chanteuse. *Son argent ne m'a jamais intéressée.* » Mais aussi avec Jean-Jacques Goldman, Kevin Costner, Leos Carax et même un ancien Premier ministre. C'est ainsi que notre consœur, Élise Karlin de *L'Express*, raconte l'incroyable souvenir qu'elle laisse en 2000 à ceux qui la croisent sous les ors d'un palais républicain. « *En minishort, cuissardes et lunettes noires, Carla Bruni déambule dans les couloirs. Elle est la tendre amie (officieuse) de l'heureux occupant des lieux. L'un des très proches collaborateurs du monsieur, sans du tout la reconnaître, croise l'"apparition" au détour d'un rendez-vous. Il imagine qu'il s'agit d'une collaboratrice, lance à son camarade : "Nom de Dieu ! Je comprends mieux pourquoi tu voulais travailler ici !" Mais elle s'ennuie vite, lassée de montrer à ses amis les longues lettres qu'elle reçoit. Il n'est pas temps de briser les carcans – si le milieu politique bruit de l'aventure, elle reste du domaine réservé.* »[1] Et si *L'Express* ne nomme pas Laurent Fabius, les témoins que nous rencontrons le font. Ainsi, un proche du candidat malheureux à l'investiture socialiste raconte qu'après leur rupture « *il a mis neuf mois à s'en remettre. Ils ont même cherché ensemble un appartement...* » On le sait, elle a aussi aimé l'éditeur Jean-Paul Enthoven avant de partir avec son fils Raphaël, alors marié à Justine Lévy. Elle lui a donné un petit Aurélien. Elle accouche à l'Hôpital américain de Neuilly. Un témoin s'en souvient : « *Elle n'était pas recluse dans sa chambre, au contraire, elle allaitait son fils dans la nurserie sans aucune gêne, qu'elle soit seule ou pas. Lui, Raphaël, promenait le bébé dans les couloirs, un peu hagard, mais cool, les pieds nus et toujours en chemise blanche, col largement ouvert.* » Raphaël dédicacera à Carla son premier ouvrage[2].

Briser les tabous, ne pas s'ennuyer avec les conventions tel est le credo de l'incendiaire Italienne. Dans une des chansons de *Quelqu'un m'a dit*, ce premier album qu'elle qualifie de « *largement autobiographique* », elle concède d'ailleurs sans détours, en parlant des nombreux hommes qu'elle a connus : « *J'en connais des superbes, des bien mûrs, des acerbes, des velus, des imberbes, j'en connais des sublimes, des mendiants, des richissimes, des que la vie abîme...* » Carla Bruni, une désormais première dame au tempérament de feu, une femme qui n'a pas peur d'assumer ses actes. Sur son image de croqueuse d'hommes, Carla Bruni revendique : « *Je préfère qu'on me traite de prédatrice plutôt que de sac à puces (rires). Prédatrice, ce n'est pas si mal pour une femme : ça déplace le jeu. Normalement, une fille est une*

---

[1] 24 janvier 2008.
[2] *Un jeu d'enfant : La philosophie,* Fayard, février 2007.

177

proie. »[1] Une première dame de France battante avec pour slogan « À l'amour comme à la guerre. » Et alors ? Elle ne renie rien de cette réputation. Un des ses proches confie cependant : « *Cette fameuse liste de supposés amants parus dans la presse l'amuse beaucoup et je peux vous dire que certains se vantent alors qu'il ne s'est rien passé avec elle ! Carla m'a demandé : "Est-ce qu'un bisou sur le coin de la bouche veut dire qu'on a couché ensemble ?" Apparemment, pour certains, oui !* »

Musiciens, chanteurs, acteurs, intellos, Carla Bruni leur demande à tous quelques qualités et audaces : qu'ils aiment la musique, l'impressionnent, et fassent le premier pas. « *Je n'irai jamais vers un type qui ne pose pas d'abord les yeux sur moi* » tranche-t-elle. Reste à Nicolas Sarkozy à apprécier la vraie musique. C'est surtout pendant la période où elle a exercé le métier de mannequin, entre dix-huit et trente ans, que Carla Bruni s'est forgé cette réputation d'ensorceleuse. Un de ses anciens copains confie : « *Ce qui la fascine, c'est les petits princes, pas les gros machos. C'est à la fois une mante religieuse et une luciole. Elle sait tout du désir des hommes. Elle est incomparable.* »[2] Lorsque la journaliste Michèle Manceaux dans *Marie Claire* lui demande : « *On dit que vous êtes une croqueuse d'amants* », elle répond : « *C'est drôle, je ne le savais pas. Un peu trop cannibale, peut-être. Enfin croquer n'est pas manger. Et c'était avant, quand j'étais mannequin…* » On lui prête moins d'amants depuis qu'elle s'est lancée dans la chanson, même si son regard sur l'amour et le couple n'a pas varié. « *Je suis une amadoueuse, une chatte, une Italienne. J'aime projeter la*

---

[1] *Madame Figaro*, 15 février 2007.
[2] *Libération*, 12 juin 1998.

féminité la plus classique : la douceur, le "charmage", la "charmitude", comme pourrait dire Ségolène (elle rit). *Mais je ne suis pas née comme ça : ce sont des vides que j'ai remplis. Je crois qu'il y a deux discours dans la séduction : d'une part, le charme de la parole reliée à la pensée, l'intelligence, la culture. D'autre part, un discours en dessous, relié aux phéromones. C'est celui-ci qui m'intéresse. C'est aussi le discours de la musique. J'y suis extrêmement sensible* » analyse-t-elle[1].

Un très proche confident du couple croit deviner que « *Carla ne sera pas un problème pour Nicolas, bien au contraire, elle va en étonner plus d'un !* » Une première dame de France qui a toujours clamé ne pas croire en l'institution du mariage, qui a toujours refusé de se marier, même avec le père de son fils, qui ne croit pas à la fidélité et qui se décrit comme une kamikaze… Voilà une situation pour le moins inédite et qui affole quelques conseillers politiques. Carla Bruni n'a vraisemblablement pas le caractère à visiter dans l'ombre des foyers du troisième âge ou à récolter à bord d'un train les pièces jaunes. Et si la France venait de découvrir sa Lady Di, les folles amours en commun, le don d'exciter les paparazzis, une médiatisation mondiale mais sans les humiliations qu'a connues Diana ? En somme la victoire d'une féministe ! « *Je déteste les machistes* » nous confie-t-elle. La France vient peut-être de se marier avec une amazone que rien n'arrête. Attention, Monsieur le Président, si on prolonge le parallèle, le prince Charles n'est pas sorti vainqueur de l'histoire ! C'est Diana qu'on a aimée, et lui qu'on a détesté… Et pourtant, si Carla Bruni est une tête brûlée qui, dans *Paris Match,*

---

[1] *Madame Figaro,* 15 février 2007.

en janvier 2007, dit « *préfère*[r] *que l'on dise une vacherie sur elle que rien du tout* », cette femme choisit pour sa première interview ni *Elle* ni *Gala* mais *L'Express*, journal sérieux dirigé par son ami Christophe Barbier. Dans un entretien très travaillé, elle ferme avec élégance la parenthèse de ses amours, sans rien renier de sa personnalité. « *J'avais envie d'épouser l'homme que j'aime au moment que nous avions choisi. Peu importe le décorum, ce fut un vrai mariage, un mariage à nous. Nous nous sommes dit oui, tout était ensoleillé. Le lendemain, nous avons hésité à sortir à cause des photographes, mais il faisait beau... Mon voyage de noces fut une promenade de vingt minutes dans le parc du château de Versailles... Merveilleux voyage de noces tout de même.* » Avant de conclure sur la façon dont elle envisage sa nouvelle situation matrimoniale par un définitif : « *Je suis de culture italienne et je n'aimerais pas divorcer... Je suis donc la première dame jusqu'à la fin du mandat de mon mari, et son épouse jusqu'à la mort. Je sais bien que la vie peut réserver des surprises, mais c'est là mon souhait.* » Et d'enfoncer le clou : « *e n'ai pas hésité. J'ai tout de suite eu envie de l'épouser. Il me semble qu'avec lui, rien de grave ne peut arriver. Nicolas n'est pas accroché à son pouvoir et c'est ce qui le rend courageux. J'aime être avec lui plus que tout. Auprès de lui a disparu une inquiétude que je ressentais depuis mon enfance. On me dit que tout cela est trop rapide. C'est faux : entre Nicolas et moi, ce ne fut pas rapide, ce fut immédiat. Donc, pour nous, ce fut en somme assez lent. Je sais bien que l'on ne devrait pas se marier dans l'instant et que, de plus, nous sommes exposés à la face du monde. Mais les amoureux, on le sait, ont leur propre temps. Le nôtre est* up tempo. »

Le samedi 2 février 2008, Carla Bruni est devenue lors d'une cérémonie qui a duré une vingtaine de minutes, au premier étage de l'Élysée, la nouvelle première dame de France et la troisième épouse du chef de l'État. Nicolas Sarkozy l'a voulue, il l'a eue. Comme le confie l'un de ses anciens compagnons : « *C'est une femme très cultivée, intelligente, polyglotte, curieuse et surtout qui s'intéresse aux autres.* » Après son voyage à Londres, fin mars 2008, les Français commencent à s'intéresser à elle pour de bonnes raisons. On doit désormais la juger sur pièces et sur ses actes. Archivées, les vieilles interviews. Dépassés, les anciens propos. Démodés, les comportements de jeunesse d'une mannequin insouciante. Une de ses amies confie : « *La page est tournée, elle est folle amoureuse de Nicolas, c'est une Italienne, ce n'est pas un hasard si elle ne s'est jamais mariée jusque-là. Avec les autres, elle savait que ce ne serait pas jusqu'à la mort mais maintenant qu'elle a dit oui, c'est pour la vie. Elle y croit et il faut y croire avec elle.* »

Une nouvelle Marseillaise

Début février 2008, au lendemain de son mariage, Carla Bruni reprend le chemin du studio, à Paris, rue de Washington. Elle doit mettre la dernière main à son album, avec Dominique Blanc-Francart, une référence dans le milieu artistique.

« *Dominique travaille souvent en couple avec sa femme. C'est pas mal de travailler ensemble. Moi, ça me plaît bien…*

- Vous vous verriez travailler avec votre mari ? lui demande-t-on.

– Je n'ai aucune intention de changer de métier… »

On cherche à en savoir davantage. Peut-être a-t-elle des ambitions politiques ?

« *Députée Carla Bruni-Sarkozy, ça aurait du panache,* ironise-t-on.

– *Députée ? C'est tout ? Il y a mieux, non ?* » Elle sourit.

Que les ministres et les élus se rassurent, elle n'a nullement l'intention ni l'envie de briguer un mandat ou un portefeuille ministériel.

« *Non vraiment, je n'ai aucune intention de changer de métier. J'ai une fonction, mais ce n'est pas un métier. Un métier, c'est du travail. Parfois, on l'a choisi. On est payé pour ça. Une fonction comme la mienne, ce n'est pas un métier. Cette fonction j'en hérite avec mon mariage.* »[1]

Pendant les séances d'enregistrement, elle croise Maxime Le Forestier, Julien Clerc, Camille, Raphaël et Sinclair, l'enfant du couple Blanc-Francard, eux aussi absorbés par leur prochain album. Pour les artistes et techniciens du studio, c'est une source d'étonnement à chaque fois que le président débarque pour écouter Carla enregistrer. Un jour, le chef de l'État, entouré de ses gardes du corps, sonne à la porte du studio. Agréablement surprise, elle annonce, légère : « *Ah ! c'est mon mari qui vient me chercher !* » Musiciens et ingénieurs du son restent bouche bée. Nicolas Sarkozy rentre le plus naturellement du monde dans une pièce enfumée, se présente, et reste près d'une heure à discuter avec les personnes présentes du statut des intermittents du spectacle ! « *C'était irréel et hallucinant !* » confie un témoin de la scène.

La plupart des chansons qui composent l'album sont écrites depuis un certain temps. Carla Bruni pensait pouvoir sortir son

---

[1] Conversation avec les auteurs.

disque vers Noël 2007. Mais c'était avant… Avant la rencontre avec Nicolas Sarkozy, le raz de marée médiatique et leur mariage. Il n'empêche. L'agent de Carla Bruni qui a eu les textes des chansons entre les mains s'inquiète de l'interprétation qui risque d'en être faite par la presse. « *Pourquoi s'inquiéter alors que Nicolas lui-même ne s'inquiète pas ! Franchement ! Il est super serein, il la laisse faire ce qu'elle veut. Même elle, elle est surprise d'autant de liberté !* » tempère un proche du couple. Nicolas Sarkozy lui a offert une paire de boucles d'oreille qu'elle peut même garder avec son casque de studio. Voilà Bertrand de Labbey rasséréné. Carla Bruni aurait dédié une de ses chansons à Nicolas, intitulée « *J'aime ma came*¹ » ou « *ma came* ». Vaste programme. Un programme qui ferait tousser non pas le locataire de l'Élysée mais certains de ses conseillers, déjà échaudés par l'affaire des photos dénudées de la chanteuse quand elle était mannequin ou de la Bruni, artiste de gauche. Une chanson qui assimile le président de la République à une drogue – même douce – ça passe moyen ! Très vite la presse et les blogs Internet relaient l'information et annoncent que le président tente de faire comprendre à sa femme que ce n'est pas forcément « politiquement correct ». Que ce pourrait même être gênant. « *Absolument pas*, nous raconte ce proche du couple présidentiel. *Oui, la chanson existe, et non seulement elle sera sur l'album mais en plus, Nicolas ne trouve rien à y redire, il est ravi !* » Version validée et complétée cette fois-ci par une amie de la chanteuse : « *Je confirme l'existence de cette chanson, mais ça fait des années que Carla l'a écrite ! Je ne sais pas ce que fait la presse, mais certains journalistes veulent* *la faire passer pour une perverse. La voit-on écrire : mon mec, je le fume, je le roule ? La presse a sciemment interprété les paroles, elle ne parlait pas de son mec à l'origine. La chanson, elle l'a écrite bien avant de connaître Nicolas. À mon avis, c'est une entreprise de déstabilisation de certains. Maintenant, je ne sais pas ce qu'il va y avoir dans l'album, je dois passer l'écouter, Carla me l'a demandé. »*

Carla « teste » certaines de ses chansons sur son mari, son premier fan. L'album avec ou sans « came » devrait être composé d'une douzaine de chansons d'amour françaises et italiennes, rappelant ses origines. Dont une sur une mélodie de Julien Clerc interprétée à la fois par elle et lui sur son propre album. Deux versions d'une même chanson.

Une première dame de France qui aime les arts, la littérature, la chanson, ce n'est pas une nouveauté. Madame Pompidou en son temps était connue pour sa passion pour l'art contemporain, elle qui poussa son mari à créer le célèbre centre éponyme. Mais une première dame de France qui chante, et pas uniquement dans sa salle de bain, voilà qui est totalement inédit dans notre République. Carla Bruni a beau avoir épousé Sarkozy, elle n'est pas seulement la première dame de France, et tient à ce qu'on le sache. Elle est avant tout une chanteuse comme le rappelait à ce moment-là la future belle-mère du président, Marisa Borini. « *Si Carla devient la première dame de France, elle devra garder pour elle un lieu et du temps pour écrire* [...] *Je pense que le président n'a pas vu que la belle fille en elle, et qu'il respecte son côté artiste. On en a parlé ensemble.* »[1]

---

[1] *Le Parisien*, 30 décembre 2007.

184

Un disque chanté par la première dame de France n'est pas un objet banal. On imagine le groupe de sécurité du président de la République accompagnant la chanteuse dans une série de concerts à travers toute la France, les gorilles se jetant à la moindre alerte sur des fans apeurés, par crainte d'une attaque terroriste… D'ailleurs les *bodyguards* eux-mêmes plaisantent à ce sujet, jouant la scène, quand ils se retrouvent à l'Élysée entre deux missions : « *Fan à droite, jeune boutonneux à midi, attention danger !* » « *Tout est sous contrôle.* » Que ces agents de sécurité se rassurent, aucun concert n'est prévu pour le moment. Un proche du président et de Carla évacue devant nous tout malentendu : « *La scène est d'ores et déjà exclue, totalement exclue.* » Ce qui nous est confirmé par Carla Bruni elle-même : « *Ce qui va changer, c'est que je ne vais pas faire de scène. Le temps que mon mari reste président de la République. Mais bon, ce n'est pas comme si j'étais une bête de scène style Janis Joplin ou les Stones. Et puis, Madonna va bien démarrer prochainement une tournée à son âge… J'ai le temps.* »[1]

Lors de la promotion de son deuxième album, en janvier 2007, Carla Bruni déclare qu'elle travaille déjà à ce troisième *opus*. Elle assure qu'on y retrouvera des mesures de Bach et qu'il y aura aussi *La possibilité d'une île*, un poème de Michel Houellebecq, « *un type extrêmement touchant* » dit-elle[2]. L'écrivain a déjà écouté sa version qu'il adore. « *J'ai rencontré Michel il y a un an,* raconte-t-elle dans *Le Figaro Magazine* du 29 mars 2008. *J'ai gardé son texte, que je répète une fois parce que c'est un poème très court.* » Il y aurait également *Allégeance*, un poème de René Char dont Carla est une admiratrice. Aussi n'est-ce peut-être pas

---

[1] Conversation avec les auteurs.
[2] *Elle*, 22 janvier 2007.

tout à fait le fruit du hasard si Nicolas Sarkozy déjeune, mercredi 20 février 2008, avec la veuve de René Char pour évoquer, à l'occasion du vingtième anniversaire de sa mort, la vie et l'œuvre poétique de cet écrivain majeur du XXᵉ siècle. À cette occasion, le président de la République a réuni autour de Marie-Claude Char plusieurs personnalités qui l'ont connu ou ont célébré ses textes, parmi lesquelles la comédienne Muriel Mayette, les historiens Paul Veynes et Pierre Nora, l'inspecteur général de l'Éducation nationale Pascal Charvet et le journaliste Laurent Greilsamer. *« Ensemble, ils ont évoqué sa vie et son univers poétique, célébrant la musique et la signification profonde de* [son] *œuvre* […] *et rendu hommage au parcours exemplaire de ce résistant, homme d'engagement, révolté, passionné et rebelle »* indique le porte-parole de l'époque, David Martinon, dans un communiqué[1]. Rien de très surprenant somme toute, si ce n'est qu'à l'occasion de ce déjeuner le chef de l'État a *« approuvé l'idée d'insérer au programme du bac L* [littéraire] *des textes de René Char. »* *A posteriori*, on peut y voir la première touche personnelle de Carla Bruni dans l'univers culturel des Français et de son époux. Ce que Patrick Zelnik, PDG de Naïve, le label musical où sort l'album de Carla Bruni, résume de ces mots : *« On a beaucoup dit qu'il était Barbelivien, Carla le conduit vers d'autres chemins. »*[2]

Reste la promotion de ce troisième CD. *« Ce qui va changer, c'est la façon d'amener cet album au public »* reconnaît son agent. Si elle ne multipliera pas les passages à la télévision pour promouvoir son disque, le président ne cesse de solliciter Michel Drucker afin qu'il consacre un *Vivement Dimanche* à sa Carlita.

---

[1] 21 février 2008.
[2] *Le Figaro Magazine*, 29 mars 2008.

Il aurait même « convoqué » Bertrand de Labbey à l'Élysée pour lui expliquer que « *2008* [fut] *l'année Carla Bruni* ». Quoi qu'il en soit, le président n'a guère de souci à se faire. De l'aveu même de Bertrand de Labbey à un de ses amis, « *on n'a jamais connu une promo aussi dingue sur un album qui n'est même pas encore sorti ! Il n'y a absolument rien à faire, tout le monde la veut !* » Oui, mais dans quels desseins : l'encenser ou l'éreinter ? s'inquiète l'Élysée. Nicolas Sarkozy qui est une bête de médias sait que les journalistes peuvent avoir la dent dure même si, jusque là, le président connaissait les ficelles pour les amadouer. Tout comme l'artiste Carla d'ailleurs, dont le deuxième album, malgré ses faibles performances commerciales, suscita nombre d'articles et d'interviews. Souvent de la part de journalistes hommes, davantage intéressés par une conversation avec l'ex-mannequin qu'avec la chanteuse. Il en est même un qui conserve pieusement dans son portefeuille une photo d'elle et lui, prise au cours d'un entretien publié dans un grand hebdomadaire.

Mais désormais, tout a changé. Si l'enjeu musical reste important, le contexte politique mâtiné de sondages en berne commande la plus grande prudence. La presse qui l'aimait, parfois à l'excès, est en train de défier le président. Nicolas Sarkozy ne veut pas que sa femme devienne une victime collatérale de ses propres déboires. Il veille au grain. Comme ce jour où Carla Bruni et son agent déjeunent au restaurant. Le téléphone sonne, Carla décroche, c'est Nicolas Sarkozy. Le président demande à son épouse de lui passer Bertrand de Labbey. lequel écoute, médusé, le président s'enquérir de l'état d'avancement du disque et lui expliquer comment gérer la presse ! Nicolas Sarkozy, président de la République et nouvel agent de Carla Bruni… On savait l'homme amoureux du show business mais de là à devenir l'imprésario d'une artiste…

La sortie de son troisième album, qui devrait s'appeler *Le Refuge*, revêt aux yeux de l'artiste Bruni une importance particulière. Son statut de première dame impose des choix. Mais aussi des situations inédites. Elle s'en explique :

« L'album devrait sortir cet été. Je le fais écouter à mon mari. Je suis consciente que c'est une première que quelqu'un dans cette fonction ait un métier. J'en suis ravie. Il va falloir s'y habituer. Comme à d'autres choses d'ailleurs. Par exemple, depuis que je suis mariée, je reçois du courrier au nom de Madame Nicolas Sarkozy. Halte au machisme. Elle sourit. *Le mariage est un symbole fort, j'en ai conscience et je partage même cet avis. Quand on se marie, on prend le nom de son époux, soit. En Italie, quand une femme devient veuve, elle recouvre son nom de jeune fille. Ma mère, après quarante-deux ans de mariage, a dû reprendre le nom de Borini. Ça a été un choc pour elle. Mais de là à m'appeler Nicolas ! Madame Sarkozy, ça suffit, non ?*

– Quel nom figurera sur la pochette du disque ?

– Carla Bruni. »[1]

Reste la question sensible des *royalties* que ne vont pas manquer de dégager les ventes de ce nouvel album. Il s'agit de ne pas trop en faire. On reproche déjà à la belle d'être « trop riche ». Les recettes de l'album seront, selon toute vraisemblance, reversées à des associations *« comme elle l'a fait avec l'argent de l'affaire Ryan Air »* confie un proche de Carla. Qui a fait don à l'association des Restos du cœur de soixante mille euros. Le chef

---

[1] Conversation avec les auteurs.

de l'État en a fait autant. « *Ces cent vingt mille euros vont contribuer à financer les actions en faveur des plus démunis que mène l'association, et ses responsables remercient le président ainsi que son épouse pour leur soutien et leur générosité fidèle* » explique un porte-parole des Restos du cœur.

Généreuse, Carla Bruni n'a cependant pas participé à la tournée 2008 des Enfoirés qui réunit chaque année nombre d'artistes au profit des Restos du cœur. Les sept concerts qui ont donné lieu à une émission diffusée sur TF1, en février, se sont déroulés sans celle qui s'y était pourtant produite en 1995 et 1997. Une « *sage décision* » confie un ami de Carla, estimant qu'elle « *prend ainsi ses responsabilités de première dame et qu'en même temps, ses soixante mille euros représentent un don très élégant pour faire oublier son absence* ». D'autres murmurent que c'est Jean-Jacques Goldman qui l'aurait exclue du spectacle avec l'accord d'Anne Marcassus, l'organisatrice de la tournée. Dans la même veine, Jeanne Moreau aurait refusé, dans une émission fêtant quarante ans de chanson française, de voir interpréter l'un de ses succès par celle qui n'est alors que la petite amie du président, Carla Bruni[1]. Décidément, la chanteuse risque d'avoir beaucoup de mal à convaincre ses amis de gauche, artistes et journalistes, qu'elle n'a pas changé, et que son mari n'est pas si fermé que ça à la culture. Mais elle ne baisse pas les bras, convaincue de la justesse de sa cause. Pour les convaincre, elle organise des diners chez elle et à l'Élysée, et tente de recevoir celles et ceux qui acceptent « *qu'on puisse être première dame de France et poursuivre une carrière artistique.* » D'après les derniers pointages, les artistes ne sont pas

---

[1] Samedi 19 janvier 2008, France 2, retransmis depuis le Zénith à Paris

très nombreux à répondre présent ou ne se hasardent pas à crier sur les toits qu'ils ont rencontré le président. La presse de gauche accueillera-t-elle cette troisième composition musicale sans arrière-pensées ni *a priori* ? Public et journalistes sauront-il faire la différence entre l'artiste et son statut matrimonial ? Seul l'avenir le dira. À l'Élysée, en tout cas, on manifeste une certaine inquiétude. Carla Bruni-Sarkozy elle, la joue plutôt « cool ».

« Vous ne craignez pas que l'accueil réservé à votre album soit plus politique que musical ? Vos textes vont être lus à la loupe. Vous vous êtes censurée ?

– Je ne fais aucune autocensure. D'abord, sur cet album il y a de nombreux textes qui ont été écrits avant que je ne rencontre mon mari. Et puis je ne suis qu'une chanteuse folk. Je raconte des petites histoires qui sont les miennes ou les vôtres. Il n'y a rien de subversif. J'ai totalement confiance dans le jugement des critiques musicaux.

– L'approche politique risque de reprendre le dessus…

– Je n'adhère pas à l'idée que tout le monde soit corruptible. Ou fortement influençable. Par exemple, on peut faire un bon journal et être mariée à un ministre. Il ne faut pas tout mélanger. Si on ne peut pas malmener une vérité, c'est qu'elle n'est pas bien solide. Je ne comprends pas que l'on mélange les genres. La musique et la politique sont deux domaines très différents. J'ai confiance dans le goût artistique des critiques musicaux. Ils peuvent ne pas m'aimer, ne pas aimer mon mariage ou inversement. Mais je ne crois pas à la politisation des critiques de musique. Non, le pire serait pour moi l'indifférence. »[1]

---

[1] Conversation avec les auteurs.

Les premiers pas d'une première dame

« Dans quelques jours, ma fille ira en Angleterre, en visite officielle avec son mari. Et ils seront les hôtes de la reine » s'enthousiasme Marisa Bruni Tedeschi dans le quotidien italien *La Stampa*[1]. Et de poursuivre : *« Carla est enchantée de ce voyage. C'est son premier voyage officiel, qui ne le serait pas à sa place ? »* Toujours aussi volubile, la belle-mère du président n'est pas informée des tractations qui se tiennent en ce moment même à l'Élysée. Ni elle ni la presse d'ailleurs qui cite dans les premiers jours de février le royaume d'Angleterre comme la première destination officielle du nouveau couple présidentiel. Bien que

---

[1] 10 février 2008.

prévue de longue date, cette visite apparaît, aux yeux des conseillers du président, comme risquée. La cote de popularité du chef de l'État est au plus bas depuis que les Français et les médias reprochent à Nicolas Sarkozy son étalage de luxe. Dans ce contexte, la surexposition de son idylle avec l'ex-mannequin pourrait s'avérer catastrophique. Il faut anticiper. Et trouver avant la Grande-Bretagne une destination, disons, moins glamour. *« Le choix de l'Afrique du Sud avant le carrosse de Windsor est parfait »* indique un *spin doctor*. *« Très vite, avant même les élections municipales, on a compris qu'il fallait un autre premier déplacement pour corriger l'image épouvantable du couple »* résume un conseiller élyséen. Confirmation au lendemain de ces élections lorsque les urnes ont clairement signifié au président que sa politique spectacle déplaisait. À voix basse, on identifie un responsable : le président lui-même. La stratégie de transformation de son image va *mezzo voce* se mettre en place. L'actualité sarkozyenne doit désormais s'effacer derrière l'actualité présidentielle. Avec un chef d'orchestre, inattendu et redoutablement efficace : Carla Bruni-Sarkozy. La première dame ne laisse plus rien au hasard. D'abord la juxtaposition des deux noms. Elle y tient et le fait savoir *via* les services de l'Élysée à l'AFP et aux médias. Le nom de jeune fille et le nom de femme mariée côte à côte, voilà un signe de modernité et d'émancipation. Ni soumission ni renonciation à une part de son identité, il y a du Carla dans cette posture ! Mais voilà qui signifie aussi qu'elle est désormais Madame Sarkozy.

Étape suivante, l'épouse du chef de l'État choisit en février 2008 *L'Express*, et non *Point de Vue* ni même *Elle* pour sa première interview, ès-qualité. Le journal *« de Jean-Jacques Servan-*

Schreiber, celui de la lutte contre la guerre d'Algérie, celui de l'antigaullisme moderniste et atlantiste » fait remarquer Nicolas Domenach, la plume de *Marianne. Paris Match* l'a sollicitée, l'hebdomadaire aura droit à une longue séance photo ; *Point de vue* l'a harcelée de demandes et la rédaction de *Elle* a tenté de jouer la proximité avec l'ex-mannequin. Rien n'y a fait. L'entretien, bien que de haute tenue, suscite une brève polémique. Quelques semaines auparavant, le site du *Nouvel Observateur* a mis en ligne un prétendu SMS du président à son ex-épouse Cécilia dans lequel il l'exhorterait par ces mots, *« Si tu reviens, j'annule tout »*, à raviver leur passion. Dans un passage de sa tribune, la nouvelle première dame s'interroge et compare le site de l'hebdomadaire aux courriers de délation envoyés sous l'Occupation. L'émoi et la colère traversent la rédaction du *Nouvel Observateur*. Avec le recul, Carla Bruni-Sarkozy reconnaît son erreur.

« Je regrette d'avoir dit cela maladroitement. Je le pense, mais il fallait le reformuler. Jean Daniel m'a appelée à minuit et demi en me disant que j'avais beaucoup choqué ses journalistes, qu'ils allaient m'assigner en justice. Alors, pour ne pas ajouter à la polémique, j'ai reformulé ma pensée sur le site de L'Express et ils ont arrêté là. »[1]

Après *L'Express*, Carla Bruni-Sarkozy parle au *Monde*[2]. Toutefois, avant de publier, avec appel en une s'il-vous-plaît, *« de sa propre initiative et sans que personne ne l'écrive à sa place »* nous confie un proche, sa longue tribune dans le quotidien du soir, elle hésite d'abord à la faire paraître dans *Libération*. Pierre Charon, désormais incontournable dans le dispositif de la

---

[1] Conversation avec les auteurs.
[2] 19 mars 2008.

première dame, l'en dissuade : « *Libé, ça aurait été bien pour Carla Bruni,* Le Monde *c'est mieux pour Mme Bruni-Sarkozy.* » Une tribune dans laquelle elle dénonce la calomnie liée à l'affaire du désormais fameux SMS. « *J'ai voulu prendre la plume parce que cette histoire était allée trop loin. Et puis, je voulais que mon mari arrête la procédure pénale. Ce n'était plus une histoire de liberté de la presse, mais une affaire de police. Il a fait tout cela pour me prouver que ce texto n'avait jamais existé. Je n'en ai jamais douté. On a écrit ce texte concomitamment.* » Aucun nègre donc pour tenir la plume de Carla Bruni-Sarkozy, mais un inspirateur, le président lui-même. Désormais, au *Nouvel Obs*, Carla Bruni a un allié dans la place. Et de poids : Denis Olivennes, nommé directeur de la publication, qui, s'adressant le premier jour aux journalistes réunis en assemblée générale, leur a signifié : « *Plus jamais le journal ne relaiera d'informations du type de ce SMS. Sinon, ce sera sans moi. Je ne suis pas venu ici pour faire* Closer. » Airy Routier, l'auteur du papier incriminé sur le site du *Nouvel Obs*, n'a pas été convié à ce pot de bienvenue.

Forte de cette expérience, Carla Bruni-Sarkozy ne s'interdit pas de réagir dans l'avenir *via* des tribunes dans les journaux. « *Avec ce papier dans* Le Monde*, je voulais exprimer mon point de vue. Et puis ça m'intéresse d'écrire. Attention, je ne suis pas journaliste, ce n'est pas mon métier. Mais je m'autoriserai à le faire quand la situation l'exigera.* »[1] Carla est capable aussi de prendre son téléphone. Son ami, le maire de Paris, Bertrand Delanoë, dans une interview à la presse italienne, compare Sylvio Berlusconi au chef de l'État français. « *Je l'ai immédiatement*

---

[1] Conversation avec les auteurs.

194

appelé pour lui dire qu'il se trompait. *Berlusconi, c'est un homme d'affaires qui fait de la politique. Nicolas, c'est un vrai politique, un homme de terrain. Nicolas Sarkozy a une vraie passion pour son métier.* » Elle poursuit : « *Quand je l'observe, me vient immédiatement à l'esprit une scène à laquelle j'ai assisté. Un soir, je vais à l'Opéra entendre le chanteur José van Dam. Il se produisait deux jours après le décès de son fils, mort à la suite d'un jeu imbécile. Il a chanté magnifiquement, mais il n'a pas voulu être salué. Les chanteurs peuvent chanter deux jours après la mort de leur enfant. C'est un métier. Nicolas, c'est un homme politique. Pas Berlusconi, chacun son métier... D'ailleurs, je ne me sens pas bien depuis qu'il a été élu président du Conseil. Je suis sûre que si mon époux devient homme d'affaires, ce sera un piètre homme d'affaires.* »[1] Quand on lui fait remarquer que ce coup de fil au maire de Paris et ce commentaire à propos de l'homme politique italien sont des gestes hautement politiques, elle argumente : « *Non, absolument pas. Mais je ne m'interdis pas d'avoir une analyse.* »

Les moindres faits et gestes de la première dame seront désormais précis comme une mécanique suisse et conformes à sa personnalité. Ainsi, samedi 23 février 2008, une nouvelle apparition du couple présidentiel est cette fois réservée à la famille d'Ingrid Betancourt, reçue pendant près d'une heure à l'Élysée. Tout a pourtant mal démarré. Le président s'est illustré le matin même au Salon de l'agriculture en traitant de « *pauvre con* » un homme qui le snobait. La presse et le monde politique n'ont pas manqué de relayer ce dérapage verbal, mis en image

---

[1] Conversation avec les auteurs.

par un vidéaste du *Parisien*[1]. Les conseillers cherchent une parade. Michèle Alliot-Marie, appelée à la rescousse, trouve une explication psychanalytique à l'emportement du chef de l'État : *« Lors des altercations qu'il a eues au Guilvinec avec un pêcheur, dans un centre de la SNCF avec un cheminot ou au Salon de l'agriculture avec un quidam, il n'était entouré d'aucune femme. »*[2] Suivez son regard : Carla, nouvelle alliée de Nicolas, CQFD ! On le comprend, à tous les degrés de l'État, la re-présidentialisation de Nicolas Sarkozy est en marche, avec pour atout sa dame de cœur.

N'est pourtant pas guérillero qui veut et il y a urgence à réparer ce nouveau faux pas présidentiel. C'est sur le terrain humanitaire et diplomatique que Carla et Nicolas conjuguent leur talent. On le sait, le président a fait de la libération d'Ingrid Betancourt l'une de ses priorités, surtout en ce sixième anniversaire de son enlèvement. Déjà, le 5 décembre 2007, le chef de l'État s'était adressé directement aux Farc dans une vidéo. Une première, qui sera suivie d'un autre message, diffusé le 1er avril 2008 : *« Monsieur Marulanda, je vous demande solennellement de relâcher Ingrid Betancourt. »*

Après la diffusion de nouvelles preuves de vie mais peu rassurantes d'Ingrid Betancourt, une délégation, avec à sa tête l'ancien époux de l'otage franco-colombien, est reçue à l'Élysée. Carla Bruni-Sarkozy est assise à la gauche du président, en pantalon et chemisier sombres, face au fils et à la fille d'Ingrid Betancourt. À l'issue de l'entretien, Nicolas Sarkozy et son épouse raccom-

---

Jamais vidéo n'aura été autant visionnée en un temps record par les internautes. Plus d'un million de clics.
[2] *L'Express*, février 2008.

pagnent les enfants et l'ex-mari d'Ingrid Betancourt dans le hall d'entrée du palais de l'Élysée. Carla Bruni-Sarkozy embrasse les trois hôtes présidentiels. *« Elle était tout à fait à l'écoute et elle nous a dit des mots très touchants »* déclare à la presse Mélanie Delloye à l'issue de l'entretien. Cette séquence émotion ne pouvait que profiter à l'image présidentielle. Hélas pour Nicolas Sarkozy, elle ne sera que peu reprise par les médias. L'incident du Salon de l'agriculture occulte et pour de longs jours encore tous les autres événements. Mais ce n'est que partie remise. La première dame s'engage à être présente à la marche blanche de solidarité pour l'otage franco-colombienne. Le dimanche 6 avril 2008, près de cinq mille personnes défilent à Paris pour Ingrid Betancourt dont Carla Bruni-Sarkozy. Une première en France pour une épouse de chef d'État. *« Ça me touche énormément. Et le désarroi de sa famille me touche aussi. Il faut simplement qu'Ingrid sorte le plus vite possible. Et je voulais vous dire que mon mari ne renoncera pas »* déclare-t-elle alors. L'humanitaire comme champ d'action de la *first lady* ? Elle n'avait pas évoqué ce domaine dans sa fameuse interview à *L'Express*, en février 2008. *« Quand j'ai répondu à Christophe Barbier, cela faisait à peine deux semaines que j'étais mariée. Tout a été extrêmement rapide pour moi et ce n'est pas facile de se glisser dans les habits de la fonction. J'ai répondu que j'allais en tout cas essayer de bien faire. Même si aujourd'hui j'y vois un peu plus clair. J'ai deux priorités : agir globalement sur la pauvreté et lutter contre l'ignorance. Première dame, c'est un statut, une fonction, pas un métier. »*[1] Elle étonne également les fidèles de Sarkozy par son

---

[1] Conversation avec les auteurs.

application : le 8 mars, à l'occasion de la Journée de la Femme, elle reste une heure à papoter après le déjeuner avec la centaine d'invitées du président, se prêtant à toutes les photos. *« C'est une perfectionniste, quand elle fait quelque chose, elle le fait à fond »* s'émerveille un conseiller élyséen qui la présente comme *« une pépite »*.

Nouvel étage de la fusée de reconquête médiatique, le 11 mars, au lendemain du premier tour des municipales, Carla Bruni-Sarkozy choisit la visite d'État à Paris de Shimon Pérès, président israélien, la première sous la présidence Sarkozy, pour ses premiers pas publics. Un dîner est donné à l'Élysée en l'honneur de leur invité. Les participants n'ont d'yeux que pour elle et le mannequin israélien, Bar Rafaeli, ambassadrice de la marque de lingerie Victoria's Secret et à la ville compagne de Leonardo Di Caprio. *« Madame Bruni-Sarkozy nous a reçus comme une vraie maîtresse de maison, élégante, attentionnée et manifestant un soin particulier à mettre ses hôtes à l'aise »* raconte un invité. On voit même ce soir-là la famille Klarsfeld presque au complet – sans la fille, Lida, enceinte que Carla a appelée quelques jours auparavant pour la féliciter – et un Arno très mal à l'aise entre une « ex » qui lui sourit et à qui il a fait, naguère, découvrir Israël, et un président qui l'ignore désormais. *« Lors de l'épisode catastrophique du parrainage par une classe de CM2 d'enfants juifs morts en déportation, seul Arno est monté au créneau pour défendre la proposition de Nicolas Sarkozy. Il a essuyé les plâtres… »* rapporte un proche de l'avocat. Auparavant, Arno aurait reçu un appel de remerciement du président. Là, c'est silence radio.

Ce dîner devait être précédé le 16 février 2008 d'une autre sortie officielle, moins flamboyante celle-là : les obsèques de son ami artiste, Henri Salvador. La première dame hésita. « *Pour une première sortie publique, ce n'aurait pas été très heureux* » confie un familier du couple qui l'en dissuada.

Mais tous ces tableaux ne sont que des croquis avant la composition finale, la première sortie officielle à l'étranger de l'épouse du président de la République française. Ce sera l'Afrique du Sud. L'Élysée l'appréhende comme une opération ultrasecrète. « *Consigne a été donnée de ne rien dire aux journalistes de la présence ou non de la première dame*, explique un membre de l'Élysée. *Il faudra nier jusqu'à la dernière minute !* » À l'escale du Tchad, les attachés de presse de l'Élysée sont soumis à la pression et aux sarcasmes des journalistes : tout le monde sait que Carla est du voyage puisque l'information a fuité, mais l'entourage du président continue à faire comme s'il n'est pas au courant ! Quelques semaines avant, un confident du couple nous l'a confirmé. « *Ce sera l'Afrique du Sud. Médiatiquement, le pays de Mandela vaut tous les carrosses du monde !* » Plus tard, après l'étape du Tchad et du Cap, les équipes de la présidence, soulagées, ne diront pas autre chose : « *On a bien joué. Sa sortie est réussie. Il était impossible d'attendre le voyage à Londres, avec les carrosses, les tenues et les chapeaux pour que les Français la découvrent. Il fallait également choisir un terrain "fort" pour que les journalistes aient autre chose à montrer que Carla Bruni. De ce point de vue, l'Afrique c'était idéal. Il y avait du contenu politique avec le discours du Cap et l'entrée en scène de la première dame qui s'engage dans l'action humanitaire.* » Pour un autre collaborateur du chef de l'État, il s'agit tout de même « *d'un quitte ou double avec l'opinion. On verra si ça marche pour l'image présidentielle.* » Tout va très bien fonctionner. Sa sortie officielle en Afrique du Sud est une réussite. À cette occasion, l'opinion découvre une autre facette de la première dame, celle de l'épouse attentive et attentionnée. « *Forcément, l'épouse d'un chef d'État parle avec son conjoint et cela l'influence* » confirme Claude Guéant[1]. Ainsi, durant le voyage en Afrique du Sud, Carla Bruni-Sarkozy s'emploie – d'une simple pression de la main – à aider son mari à se concentrer lorsqu'il se montre trop dispersé. « *Écoute, c'est important* ». Mais parfois, le dissipé élève Nicolas échappe à sa surveillance. À l'université du Cap, il s'ennuie ferme pendant les discours et se distrait en plaisantant avec deux journalistes à qui il demande d'approcher : « *Eh ! Cassez-vous !* » leur souffle-t-il en riant. De son côté, Carla, qui pose naturellement, fait mine d'être apeurée par les dizaines de photographes qui mitraillent le couple présidentiel : « *Deux cents fois, trois cents fois, ils prennent la même photo ?* » L'ex-star des podiums feint-elle d'avoir déjà oublié son ancien métier ? Il en est un, en tout cas, qui ne la quitte pas des yeux. Au dîner officiel avec le président sud-africain, un échange au moment des toasts plonge l'assistance dans l'embarras. Thabo M'Beki adresse un compliment appuyé à Carla : « *Elle est belle, je suis heureux d'avoir pu faire sa connaissance ; je voudrais lui dire qu'elle peut revenir en Afrique du Sud seule, ce n'est pas la peine d'attendre un prochain voyage officiel de Nicolas...* » Réponse de Nicolas Sarkozy, tout en finesse : « *Vous aussi, vous avez une femme ravissante. Et si vous faisiez un peu plus attention à elle, vous verriez qu'elle peut chanter aussi bien que*

---

[1] *L'Express*, 2 avril 2008.

Carla ! » lance-t-il devant le couple M'Beki médusé. Et, se tournant vers son épouse, il promet : « *Nous reviendrons en Afrique du Sud, mais ensemble !* » Décidément, Nicolas Sarkozy se veut un mari vigilant. Une fois les journalistes repartis après les toasts, la soirée à huis clos prend un autre tour. L'ex-footballeur Basile Boli, invité du président français, s'empare du micro et « met le feu » avec les musiciens : « *J'ai fait danser M'Beki et Sarkozy sur de la musique Zoulou !* » raconte-t-il. « *C'était cool, ils se sont éclatés.* » Carla, elle, ne s'est pas levée et a regardé la scène. Les photographes pourraient ne pas être très loin et un cliché serait si vite et si mal interprété.

Diplomatie *et* humanitaire. C'est pourquoi la nouvelle première dame exige du protocole que sa présence ne se résume pas à accompagner son mari. Ainsi, à N'Djamena, lors de la brève visite tchadienne, Carla Bruni-Sarkozy rencontre en tête à tête pendant trois quarts d'heure la femme d'un opposant disparu depuis début février. Au Cap, elle visite seule encore dans un bidonville le siège d'une organisation non gouvernementale qui fait du commerce équitable dans le domaine des produits textiles biodégradables. Lors de la visite d'un centre de traitement de personnes infectées par le virus du sida dans un autre *township*, elle est cette fois-ci accompagnée de Nicolas Sarkozy. Tous deux visitent le pénitencier de Robben Island où furent emprisonnés pendant des années les principaux dirigeants du mouvement anti-apartheid, dont Nelson Mandela, premier président noir élu d'Afrique du Sud en 1994. « *J'ai toujours été emplie d'admiration pour cet homme à qui l'Afrique du Sud doit ses premières élections libres* » confie-t-elle. « *Vous comprendrez bien que j'ai une attention particulière pour celle qui m'accompagne pour la première fois dans un déplacement officiel* » déclare Nicolas Sarkozy à la fin d'un discours devant la communauté française de Johannesburg qui applaudit la première dame. Elle se tient alors sagement en retrait derrière le pupitre du chef de l'État. « *Elle a été formidable parce que j'ai l'impression qu'il y a une certaine attention sur elle* » ajoute-t-il avant de s'adresser directement à son épouse : « *J'étais bien fier d'être avec toi, merci.* » Carla Bruni-Sarkozy, qui a été d'une grande discrétion pendant les trois jours de ce voyage en Afrique, baisse alors pudiquement les yeux. Le couple, dans la foulée, s'offrira un week-end en amoureux dans l'une des résidences du parc Kruger, le plus discrètement possible. Aucun photographe n'a pu accéder à leur résidence et, sans tapage, ils ont repris l'avion présidentiel. « *En Afrique du Sud*, raconte un journaliste présent, *les gens hurlaient un seul nom en attendant le cortège présidentiel, celui de Carla.* »

Déplacement après déplacement, la nouvelle geste présidentielle se construit et se peaufine le changement d'image. Côté pile, Nicolas, mais aussi coté face, Carla ! Celle qui disait dans *L'Express*, « *Je ne sais pas encore ce que je peux faire en tant que première dame mais je sais comment je veux le faire : sérieusement* »[1], commence à imposer sa marque. Se dessinent à grands traits les contours de sa nouvelle fonction ou du moins l'idée qu'elle s'en fait : humanitaire et solidarité. Priée de dire comment elle voyait son rôle à l'avenir, elle a répondu : « *J'envisage d'accompagner mon mari. J'espère pouvoir m'engager dans l'humanitaire. Il* [son mari] *m'aide beaucoup pour cela.* » Nicole Guedj, ancienne secrétaire d'État aux Droits

---

[1] Février 2008.

des victimes sous l'ère Chirac et désormais présidente de la Fondation Casques Rouges pour l'action humanitaire d'urgence et de développement souhaiterait se rapprocher de la première dame. Carla au Darfour, ça aurait au moins autant de panache que jadis Danièle Mitterrand au Chiapas au côté du sous-commandant Marcos, non ?

On l'a vu avec Cécilia en Libye ou Bernadette lors des municipales de 2001, le rôle de la première dame peut se révéler stratégique dans le dispositif présidentiel. Reste que chacune se démarque de la précédente. L'épouse du général de Gaulle, les Français l'appelaient avec beaucoup de tendresse et de respect « tante Yvonne ». Georges Pompidou, en acceptant d'être filmé dans ses appartements privés à l'Élysée, a innové dans sa manière de communiquer. C'est ainsi que les téléspectateurs ont appris que le président Pompidou appelait sa femme « Bibiche ». Madame Pompidou ne cachait pas sa passion pour l'art contemporain et l'influence qu'elle avait sur son mari. Danièle Mitterrand, elle, défendait la cause cubaine et son époux la vouvoyait. Carla sera différente de Cécilia. D'abord, elle exerce une grande influence sur l'équilibre personnel et familial de son mari. Au fil des semaines, Carla devenue belle-fille et belle-sœur, a gagné la confiance et l'estime de la famille Sarkozy presque au complet. Comme ce 16 février 2008 où elle organise dans les salons privés du palais de l'Élysée, l'anniversaire de sa tante Gigi, quatre-vingt-trois ans, la sœur de sa mère. Pour l'occasion, la première dame réunit les deux branches de sa famille, italienne et française, autour de celle qui appelle Nicolas Sarkozy « *mon neveu préféré* », et qui a fait partie du voyage à Louxor – en Égypte – le 26 décembre 2007. L'occasion aussi de fêter une seconde fois son union avec le président de la République, pour laquelle plusieurs Bruni Tedeschi n'avaient pu faire le déplacement à Paris, le 2 février. « *Une famille recomposée, ce n'est pas évident et pourtant tout va bien. Aurélien adore Louis. Avec les mariages et les remariages, on est devant des faits accomplis. Mais comme je suis très mama italienne, j'essaie d'être un trait d'union.* »[1] La machine à séduction est enclenchée. La politique politicienne, elle, ne semble pas, pour l'instant, l'intéresser. « *La politique, c'est un vrai métier,* insiste-t-elle. *On ne s'improvise pas femme politique pas plus qu'on ne devient un excellent pâtissier sans jamais l'avoir été…* »[2] « *Elle n'est pas comme Cécilia, elle n'a pas de cabinet, douze mille assistants… Elle va juste avoir un secrétariat pour répondre à son courrier* » affirme un proche du couple. L'ignorance, la pauvreté donc, mais aussi, croit-on savoir, la lutte contre le sida, tels seront les domaines où elle souhaite intervenir. Ainsi, l'on a pu voir accroché à la boutonnière de Nicolas Sarkozy, le 29 mars 2008, à la finale de la Coupe de la Ligue au Stade de France, le petit ruban rouge du Sidaction 2008. Et elle aurait, sans caméra ni photographe, amené le président rendre visite à une famille africaine qui croupissait dans un taudis.

L'examen sud-africain réussi, une nouvelle épreuve se présente pour le couple Sarkozy : la visite d'État de trente-six heures en Grande-Bretagne. Cette fois, l'enjeu est différent et le service presse de l'Élysée est sur les nerfs. Franck Louvrier, son patron, explique à son équipe qu'il ne tolérera pas le moindre faux pas. Sur ses épaules aussi, pèse la pression présidentielle.

---

[1] Conversation avec les auteurs.
[2] *Idem.*

Il faut d'abord dire aux opinions que l'alerte des sondages a été bien entendue. Le président français assure mercredi 26 mars dans un entretien accordé la veille de son voyage à la radio BBC, qu'il « *tenait compte* » des critiques qui lui ont été adressées sur son style. « *Moi, je ne suis pas le genre d'homme à écouter les compliments et à mépriser les critiques. Je tiens compte des deux.* » Avant de poursuivre : « *Mais franchement, si la seule chose que l'on a à me reprocher, c'est le style, cela veut donc dire que sur le fond, il n'y a rien à me reprocher ?* » Et de marteler : « *Cela fait dix mois que je suis président de la République et je dis à la Grande-Bretagne une chose : je n'ai retiré aucun de mes projets de réforme. Je n'ai reculé sur aucun sujet. J'ai mené toutes les réformes que j'avais promises comme j'avais dit que je le ferais.* » Avant de conclure, un rien espiègle : « *Alors, s'il y a un problème de style, j'espère que vous apprécierez l'habit que j'ai fait faire pour la soirée royale.* »

Il est vrai qu'à la veille de cette visite, malgré la parenthèse de l'épisode réussi sud-africain, très sobre et digne, les critiques pleuvent sur le locataire de l'Élysée non seulement en France mais aussi dans la presse étrangère. Le *New York Times* recommande samedi 22 mars un peu plus de « *discipline* » dans la conduite des affaires à Nicolas Sarkozy dans un éditorial intitulé « *Président bling-bling* »[1]. Avec irrévérence, le prestigieux quotidien américain raille « *les bouffonneries médiatisées et peu présidentielles* » qui lui ont valu « *le sobriquet de président bling-bling* ». Évoquant comme un « *camouflet* », le résultat des récentes élections municipales et cantonales, l'influent quotidien estime

---

[1] L'article sera repris et largement commenté sur les sites web des principaux médias français.

que « *M. Sarkozy a été puni* [...] ». « *Pour un homme politique qui a travaillé si longtemps et si dur pour arriver à l'Élysée, M. Sarkozy a démontré de curieuses notions sur comment se conduire une fois dans la place* » ajoute le journal. « *Son divorce tumultueux et son remariage presque immédiat avec une chanteuse-mannequin glamour ont été quelques-unes des initiatives les plus sensationnelles qui ont valu à Sarkozy la couverture de deux cent cinquante-deux magazines en 2007* » poursuit l'éditorialiste. Le *New York Times* rappelle, entre autres, également comme une preuve « *de mauvais jugement* [...] *sa remarque grossière à un type refusant de lui serrer la main* ». « *Ces potins sensationnels ont été assortis de messages confus du gouvernement de M. Sarkozy, le président et ses conseillers souvent parlant et agissant en porte-à-faux avec les ministres* » écrit le quotidien. « *Il est temps d'appliquer une dose de discipline* » conclut l'éditorial.

Cette violente charge ne laissera pas le président indifférent à son retour de Grande-Bretagne. À ses yeux, il a changé et cite comme preuve de cette métamorphose l'accueil que la presse britannique a réservé à son épouse ! Carla Bruni-Sarkozy est à la une de la quasi totalité des quotidiens d'outre-Manche. Ceux-ci n'hésitent pas à la comparer à la princesse Diana et à l'ancienne *first lady* américaine Jackie Kennedy. Cette « Carlamania » renvoie au second plan la visite proprement dite de Nicolas Sarkozy qui annonce pourtant dans son discours devant les deux chambres du Parlement l'envoi de troupes supplémentaires françaises en Afghanistan. Dans son sillage, en France, dans une surenchère de qualificatifs, une certaine presse, amnésique, oubliant la présentation peu courtoise qu'elle donnait de l'ex-mannequin qui n'était encore que la fiancée du président, rivalise de flatteries. Certains de nos confrères auraient-ils oublié que Carla Bruni Tedeschi-Sarkozy ne vient pas de n'importe quel milieu ? Depuis son enfance, elle est une habituée des réceptions que donnaient ses parents en Italie mais aussi en France, familière des mondanités qui ont jalonné son éducation bourgeoise, qui lui a permis de posséder une parfaite maîtrise des codes à respecter en société. *« J'ai pris une heure de stage intensif avec la femme de l'ambassadeur de France. J'ai retenu que le chapeau n'était pas obligatoire, mais souhaité, et qu'une épouse de chef d'État n'est pas tenue à faire la révérence. »*[1] Néanmoins, comme un pied de nez à ses détracteurs, pareille à une héroïne hitchcockienne, la première dame fait son apparition dans un strict manteau de laine gris Dior ceinturé de noir, ballerines et gants noir, coiffée d'un bibi rétro anthracite et exécute une légère génuflexion devant la reine avec en prime une poignée de mains avec le prince Philip. Journalistes et public continuent à l'observer. Après avoir écouté les hymnes nationaux, la reine et le président français prennent place dans un carrosse tiré par six chevaux, l'Australian state coach, suivis par le duc d'Édimbourg et Carla Sarkozy dans le Scottish state coach, puis le prince Charles et son épouse Camilla dans un landau avec le ministre des Affaires étrangères, Bernard Kouchner. Un sans-faute, hormis, mais c'est pour la bonne cause, lorsque la première dame n'hésite pas à faire une entorse à l'étiquette en prenant à Windsor la main de son époux pour le prévenir que le duc d'Édimbourg veut lui adresser la parole. *« La famille royale est absolument charmante. On ne s'ennuie à aucun*

---

[1] Conversation avec les auteurs.

moment. On est pris en main. On ressent une certaine empathie pour la reine mère. Quant au Prince Charles, il connaît l'histoire de chaque pierre du château de Windsor. J'ai pu admirer de sublimes Canaletto... »[1] Seule fausse note : Claude Gassian, photographe et invité personnel de Carla Bruni-Sarkozy, se fait à plusieurs reprises rappeler à l'ordre quand il s'approche trop des personnalités. « *La Grande-Bretagne est charmée par Madame Sarkozy* » titre le *Daily Express* sur « une » une prolongée par deux pages intérieures intitulées « *Ooh là, la Madame Sarkozy* ». « *Tous les yeux tournés vers Carla, la first lady du chic* » s'enthousiasme le *Daily Mail*, qui ne consacre pas moins de six pages, plus la une, à « *l'impression* » faite par les Sarkozy « *chez Sa Majesté* ». « *France 1 – Angleterre 0* » siffle le *Daily Telegraph*.

On le voit, désormais, toute cette impeccable chorégraphie marque la mue présidentielle et trouve en Carla une arme de haute précision. Une arme qui peut parfois tuer. Georges-Marc Benamou en a fait les frais. Les deux sœurs Bruni, Valeria en tête, alertées par leurs amis artistes de gauche, auraient œuvré contre son arrivée programmée à la villa Medicis. « *Ce fait du prince* », comme les opposants à sa nomination l'écrivent dans une pétition incitant le président à y surseoir. Feignant de n'être pas mêlée à cette cabale contre le conseiller en disgrâce, la belle-sœur du chef de l'État concède pourtant dans *Le Monde* qu'elle aurait « *aimé avoir la fierté d'être intervenue.* »[2] Faut-il voir dans cette volte-face la première concession de Nicolas Sarkozy au monde des artistes, marqués à gauche ? À l'Élysée, les conseillers préfèrent mettre en avant l'apport bénéfique de la

---

[1] Conversation avec les auteurs.
[2] 29 mars 2008.

première dame sur le moral présidentiel. A-t-elle conscience de ce rôle apaisant qu'elle exerce auprès de son mari ? « *C'est un homme qui a le sens de la famille. Ce n'est donc pas très difficile d'avoir ce rôle* » nous confie-t-elle. Dans l'appartement du roi de Rome, une chambre est désormais réservée à Aurélien à côté de celle de Louis. « *Le dimanche entre Aurélien, Louis et leurs petits copains, on se prend souvent les pieds dans les jouets* » raconte, attendri, un habitué du Château.

Celle qui a amené le président vers sa presse à elle séduit désormais les médias traditionnels. Envolées les images de l'escapade à Disney, noircis les clichés du voyage en Égypte, au rebut les photographies du week-end à Pétra, voilà à présent, ravissante et sobre, chic mais « discrète » comme la qualifie *Le Figaro Magazine*[1], attentionnée et posée, la première dame de France « *telle qu'en elle-même* ». Depuis Aragon et Ferrat, et ceci n'a guère échappé aux communicants, c'est bien connu, la femme est l'avenir de l'homme. Et, qu'on se le dise, Carla celui de Nicolas. Les fidèles du président entourent Madame. Franck Louvrier, promu conseiller à la présidence au lendemain des municipales, l'aide pour sa communication. Catherine Pégard, chargée du pôle politique, l'a accompagnée pour son discours londonien. Désormais installé à l'Élysée sans titre officiel, l'incontournable et très influent Pierre Charon a repris l'un des bureaux naguère dévolus aux porte-parole, et diffuse auprès de ses premiers hôtes la bonne parole. Carla Bruni-Sarkozy dispose, dans l'aile dite *de Madame*, d'un secrétariat particulier pour répondre aux nombreuses sollicitations qu'elle reçoit, et plus

---

[1] 29 mars 2008.

précisément dans le bureau que devait, à l'origine, occuper Cécilia, l'ancienne épouse de Nicolas Sarkozy. Il ne suffit pas que la mutation soit en cours, encore faut-il que cela se sache.

Et le premier sondage tombe. C'est *Le Parisien* qui le publie. Avec en titre « *Les Français aiment déjà Carla* ». Un commentaire élogieux précède sa publication. « *Deux mois après son mariage avec le président, Carla Bruni-Sarkozy impose son style : élégante, moderne, intelligente et sympathique. [...] Résultat, 60 % des sondés pensent qu'elle va moderniser l'image de la France à l'étranger. Autres qualités reconnues à l'ex-*top model, *si à l'aise sous les flashs : élégante, sympathique, intelligente. Son allure séduit à droite, son côté artiste bobo (elle va continuer à chanter) attire des sympathies à gauche. Carla, atout maître pour un président dont la fougue brouillonne déroute les Français ? Oui, dans la mesure où elle pourra assagir son mari. Non, si l'on note que pour 64 % des sondés elle ne contribuera pas à améliorer l'image qu'ils ont de Nicolas Sarkozy. En clair, lui c'est lui, elle c'est elle... *»[1] Ce sondage sera repris par l'ensemble des confrères et lu et relu avec gourmandise par les époux Sarkozy.

Carla est une *rampolla*, une héritière. Elle parle français, italien, anglais, espagnol, « *pas celui de n'importe quelle province* » tient-elle à nous préciser. Elle aime Balzac, Céline, Baudelaire qu'elle trouve céleste, Rimbaud, Nerval, Éluard et Aragon. Elle vient à peine d'achever la relecture du *Livre de ma mère* d'Albert Cohen. Deux ans avant de composer *Quelqu'un m'a dit*, elle a lu tout Proust. Et après, *Les Mots*, de Jean-Paul

---

[1] 5 avril 2008

Sartre. Avec un tel parcours, elle n'aurait pas pu finir, comme nombre de ses consœurs mannequins, dans les bras d'un joueur de football ou ceux d'un fortuné homme d'affaires international. Car Carla est une cérébrale. Belle, sous les *sunlights*, Carla Bruni n'a jamais pour autant négligé les choses de l'esprit. Elle interroge et s'interroge beaucoup. Les entretiens qu'elle a donnés à la presse durant ses années de mannequinat sont loin d'être dénués de sens. Si elle se définit comme une « *athée de base catholique* », la peur de la mort et le temps qui passe l'obsèdent. « *Je n'aime vraiment pas ne plus être une jeune fille, mais je voudrais rester sexy et séduisante* » confesse-t-elle. Son père et son frère disparus, sa jeunesse est avec eux sous terre. La mort de son frère, à l'agonie durant l'écriture de *No Promises*, est la pulvérisation de ce qui lui restait d'enfance. « *Les parents, c'est dans l'ordre des choses, on a l'impression de perdre un plafond ; un frère ou une sœur qui meurt, c'est littéralement le plancher qui s'effondre.* » À vingt-neuf ans, elle a démarré une psychanalyse. Sur le divan, elle tente de régler un vieux problème de manque de confiance… en l'autre. « *Je ne délègue jamais.* » À ses yeux, la psychanalyse est une chose qui « *vous empêche de vous empêcher de vivre.* » Reste à convaincre son mari pour qui la psychanalyse et la voyance seraient, à peu près, à mettre dans le même sac. Et reste aussi à la première dame à jouer pleinement, à l'Élysée, son rôle. « *J'ai un professeur formidable, c'est Pierre Charon* » dit-elle. Formidable et dévoué. En sa présence, il ne faut pas toucher à la première dame ! Chez elle, sur la table du salon, s'empile le courrier qu'elle reçoit. Toutes les lettres sont classées et elle apporte un soin particulier à les lire.

Désormais, la page Cécilia semble définitivement tournée pour Nicolas Sarkozy. Reste à savoir si, après ce quinquennat, il rempilera pour un nouveau mandat ou si, comme on l'entend souvent dire en privé, il mettra un terme à sa déjà longue carrière politique au sommet et partira, à cinquante-sept ans, gagner sa vie dans le privé ? N'y aurait-il pas eu d'ailleurs un pacte secret entre les deux époux à la veille de leur mariage, elle lui suggérant qu'il y a une vie après la politique ?

« Non, il n'y a eu aucun deal. C'est un métier difficile, la politique. J'ai souvent peur pour lui. C'est inimaginable ce qu'il travaille. J'essaie de l'aider à se ménager. Il est comme nous tous un peu comme Sisyphe, il aime porter la pierre. Mais il est de bonne composition. Trois rayons de soleil, et il trouve la vie magnifique. Je l'aide pour qu'il soit en bonne santé, bien qu'il ait une hygiène de vie irréprochable. Mais tant qu'on n'est pas dans la petite boîte, on peut changer de métier. Lui l'a déjà fait deux fois, moi trois... Quand il quittera la politique, sans lui, vous allez vous ennuyer » dit-elle en prenant congé[1].

---

[1] Conversation avec les auteurs.

Remerciements

Notre reconnaissance va en premier lieu à Carla Bruni-Sarkozy qui a accepté de répondre à chacune de nos questions. Contrairement à certaines pratiques en cours dans l'édition, elle a eu l'élégance de ne pas exiger en retour un droit de regard sur le contenu du livre.

À notre éditeur, Yves Derai qui a initié cette enquête et l'a suivie pas à pas.

À Michaël Darmon, qui a nourri de son expérience et de ses connaissances ces lignes.

Et aussi à toutes celles et à tous ceux qui ont voulu conserver l'anonymat mais dont les confidences ont permis à cet ouvrage d'exister.

Table des matières

Cet ouvrage a été imprimé par

FIRMIN DIDOT
GROUPE CPI

Mesnil-sur-l'Estrée

pour le compte des Éditions Du Moment
26, avenue Marceau, 75008 Paris
en juin 2008

ISBN : 978-2-35417-029-5
Imprimé en France
N° d'impression : 90865
Dépôt légal : juin 2008